Dem lieben Herrn Heinemann
einen herzlichen Dankesgruß!

Sept. 1982 Hanna Walther

Des
Boarische Bauernbüachl

Des Boarische Bauernbüachl

's Lebn vo früahra

von

Hanna Walther

Ruperti-Verlag Starnberg

1. Auflage
RUPERTI-Verlag Dr. Hanna Walther, Starnberg

Druck: Georg Wagner, Nördlingen
Bindearbeit: Grimm & Bleicher, München
Buchgestaltung hinsichtlich Schrift
Bild und Umschlag: Die Autorin
1982
ISBN 3-923333-01-5

Die Autorin:

Frau Dr. Hanna Walther, geb. Aicher, stammt aus dem traditionsreichen Rupertigau und ist jetzt mit ihrer Familie in Starnberg zuhause. Sie studierte an der Universität München Germanistik und Anglistik, promovierte über "Das religiöse Problem in den Volksbüchern" des ausgehenden Mittelalters und war 12 Jahre lang an bayerischen Gymnasien im Schuldienst tätig.

Als Historikerin gilt nun ihre Vorliebe dem Studium des bäuerlich-religiösen Brauchtums.

V o r w o r t   d e r   A u t o r i n :

Da ich abstammungsbedingt tief im bäuerlichen Leben wurzle, führt mein Fühlen und Denken umso drängender zu dem Urquell zurück, aus dem wir alle schöpfen und trinken, je hastiger sich die Zeit vom natürlichen Sein entfernt.

In meiner Kindheit war das ländliche Dasein geprägt von mühevoller Arbeit, religiöser Lebensauffassung, unter der noch Spuren heidnischen Aberglaubens schwelten und einem auf echte Familien- und Dorfgemeinschaft ausgerichteten Streben. Dieses kennzeichnete neben reserviertem Eigenleben der einzelnen Hofbewohner eine kräftige Bindung an den gemeinsamen Lebenskreis und eine besonders wohltuende Hilfsbereitschaft.Trotz überquellenden Kinderreichtums benötigte man für Anbau, Pflege und Ernten von Getreide, Flachs und Hackfrüchten eine Anzahl von Dienstboten. Die oft monatelange Abgeschiedenheit im Winter führte die Mädchen bei gemeinsamem Spinnen in der Rockaroas und die Jugend bei geselligem Beisammensein im Hoagarten zueinander.

Die Elektrizität brachte Licht und Bewegung in das ruhevoll dahindämmernde Dorfleben. Das Tor von der Stille des Landlebens in die Ferne tat sich auf durch das Eindringen von Wort und Bild, Auto und Technisierung. Die Maschine bewältigt die einst bürdevolle Arbeit mit der Hand rasch und mühelos.

Gar manche Neuerung ist positiv zu werten. Aber das Ertragsstreben und die Ruhelosigkeit unserer Tage verdrängten das einfache, zufriedene Leben von damals. Und mit den in sich ruhenden Menschen schwindet die echt bäuerliche Atmosphäre und all das, was sie an Werten des Gemütes und der Seele einschließt.

Damit das Rinnsal nicht zum Versiegen kommt, möchte ich mit meinen Eindrücken aus frühester Kindheit Unwiederbringliches festhalten und Verlöschendes weiterreichen.

Dieses Buch ist als Fortsetzung des "Boarischen Gebetbüachls" gedacht. Es beinhaltet vor allem den Alltag des Bauern, während sich das ersterschienene Buch mit religiösen Festen und Bräuchen befaßt.

Dr. Hanna Walther

Mei, gor nix mehr is wia früahra!

Wer fahrt no an oilde Kutschn?
Wer baut no a Kirchweihschutzn?
Wer kennt no a Brechebod?
Wer sogt oiwei no Bettstott?

Wer koo no de Obstbaam belzn?
Welcher Bua geht no auf Stelzn?
Wer kennt no a Wiederkehr?
Welcher Schuaster geht auf d'Stör?

Wer koo no a Saasn wetzn?
Wer dörrt no de Birn'n zu Kletzn?
Wer tuat no sei Brot selm bacha?
Wer loßt heit no Krapfa kracha?

Wer dat no sei Kraut eistampfa?
Wer ißt no an Sauerampfer?
Wer nimmt no a Kohlnbügleisn?
Wer kennt no de Ruabn, de weißn?

Wer woaß, wos a Zöggerl is?
Wer fangt mit de Händ an Fisch?
Wer bacht no de Leberknödl?
Wer trogt no de Zöpf wia 's Gretl?

Wer melkt selwa Küah und Goaß?
Wer geht no auf d' Rockaroas?
Wer hot no an oide Woilzn?
Wer tuat z' Fosching Goaßlschnoizn?

Wer kennt no a Wetterkerzn?
Wer taat Misteireibn im Märzn?
Wer trogt no an Wadlstrumpf?
Woaßt as net, wos is a Kumpf?

Mei, gor nix mehr is wia früahra!
Drum ziahg ii des wieder viura.

Heit werd aufdraht!

Heit werd aufdraht!
Do kimmt neamd z'spat.
's Preisschnoiz'n is
Bärig, ganz g'wiß.

D' Musi spuit auf.
Zipfemütz nauf!
Aufe auf d'Leit'n!
Janker auf d'Seit'n!

Mit „oans, zwoa, drei"
's Schnoiz'n is frei.
Auf, Buama, jetz,
Und dahi geht's!

Hörts es, scho knoillt's!
Es hobts a Schmoilz!
Wia's laut vom Woild
Wieder z'ruckhoillt!

Früahra hab'n s' glaubt,
Zum Dorf auße staubt
An Winterdämon,
Wer 's Schnoiz'n guat koon.

An Saatgeist hab'n s' g'weckt,
Der im Acker drin steckt,
Daß der Troadwachs'n koo.
Auf Mattheis fangt's oo.

Über dee Zeit
Schmunz'ln heit d'Leit.
G'schnoizt werd aus Freid,
Daß's knoillt gor so weit.

Aber ii dat enk rot'n:
Schnoizts weg'n 'am Dämon,
Der wo sitzt in d'Leit
Und haust do ganz g'feiht.

De Geister der Bosheit
Staubts auße mi'm Knall'n.
Vertreibts es ganz weit,
Do dats uns an G'fall'n!

's Kropfweibe vo Berchtesgodn

Heit hot se's akrat darotn,
's Kropfweibe vo Berchtesgodn.
Weil der Bsuach auf Liachtmeß foillt,
Hot a jeder grod a Geld.

Bucklkraxn trogt s' de War,
A jeds Johr.
Und am Arm hängt a kloans Zöckerl,
Oo hot s' a Berchtsgodner Jäckerl,
Unterm Huat sitzt a Trumm Schopf,
Vorn hängt a Berchtsgodner Kropf.

Mit „Grüaß Gott!" und „Glück tritt ein!"
Rumpelt s' zu der Stubntür rein.

„Do schaugts Leit, an Kramerlodn
Bring ii heit bis vo Berchtsgodn!
Derf es glei an'n Tisch hiibroatn?
Buam, de Messer, b'schlogn mit Horn,
De san net zum Daxnschnoatn!
Eigraviert schee, hint und vorn.

Löffe mit am Gamserl drauf
Waarn heit ganz a b'sondrer Kauf.
Und de boanern Tabakdosn
Passatn für d'Lederhosn.
Do, an d'Uhrkettn a Grandl!
Steckkambe und Sammatbandl."

Glei moant na der Knecht, der Jackl:
„Mir bricht eh mei Tabakbackl.
Gebts ma so a eckats Döserl
Mit de Herzerl und de Röserl!

Do, den Kumpf für mein'n Wetzstoa,
A Trumm Messer aa mit Boa.
Siehgst, heit host as grod darotn,
Kropfweibe vo Berchtesgodn!"

„Na hätt ii, do schaugts nur nei,
Schöne Spooschachtln dabei:
Hochzeitsschachtln, hörst as, Nanndl!
's Fatschnkind drauf und 's Muaspfanndl,
Kochlöffe, Wiang, oill's waa drin.
Werd boild oane Hochzeit'rin?"

Do schraubt d'Stoilldirn d'Sparbüchs auf:
„Leg aa noo 's Flohgadei drauf!"

„Dee Spooschachtl is laar,"
Sogt 's Kropfweibe, „I moan, de waar
G'recht für dein' Preaner Huat,
Und 's Sprücherl passat guat:

„Die Liebeshand
Macht festes Band."

Der Vater drauf: „Gib mir s' für d' Lies,
Der g'foillat s' g'wiß!"

„Und wia waar's mit Stroharbeit'n?
Kaufts beizeit'n!
Nodltruhen, Kommodkastln;
Sehgts, wia de Berchtsgodner bastln!

Ja, und für de Butzlwar
Wos zum Spuiln, des is ganz klar:
Ganz a feine Hoheitskutschn,
Ringlspui, a kloane Schutzn;
Rösserl mit und ohne Reiter,
Steffe, schau, des waar a Heiter!
Naa de scheena Hoilzdockinna
Do im rupfern Sock unt' drinna!

Bauer, wuillst denn gor net hörn?
Schau, de Dirndln möchten s' gern!"

„Ja, vo dem war gor koa Red!
Dockina gibt's net.
Schachterln kriagn s' für d' Ros'nkranz,
Des waa heit des ganz."

„Zoihts mi'm Schmoiz,
Balds des woillts!"

In de Krax'n legt s' „sei" Sach;
Naus beim Tempe geht's mit Krach!
Heit hot se's akrat darot'n,
's Kropfweibe vo Berchtesgod'n.

Möchts schlenk'ln, es Schlankl?

Möchts schlenk'ln, es Schlankl?
I wett, daß 's enk reit.
Gibt's diam a Gezank'l,
Hobts doch ar a Freid.

Der Oberknecht bleibt;
Vo dem kannts wos lerna!
Nix G'scheit's se rumtreibt.
Bei uns taats verdeana.

Mei Hof loßt se seh'ng.
Ganz frei is er g'leg'n.
Glei neb'n der Remis'n
San d'Felder und d'Wies'n.

Und der sauber Stoi!
De Küah guat beinand.
Der Troadbod'n g'steckt voi;
Find'st koan do im Land.

Jo, und des guat Ess'n
Werds woi net vogess'n!
Es wißts, wia's ausschaut:
Mehr G'räuchert's wia Kraut.

Net selt'n im Schmoiz
De Krapfa hab'n kracht.
An nix bei uns fehlt's
Und oft hab'ma g'schlacht't.

I wui, daß d'Ehhoilt'n
Recht lang bei uns bleib'n.
I dat enk gern g'hoilt'n;
Brauchts enk net rumtreib'n.

Gehts weiter, schlogts ei!
Loßts d'Schlenkerei sei!
Jaz kriagts mehra Lohn
Und z'Mittog an Brot'n.

Lenz

Jaz is's Früahling am Land!

Wann der Kuckuck mi weckt,
Wann der Specht wieder peckt,
Und de Hausschwoilma ratschn mitnand,
Nachher is's wieder Früahling am Land.

Wann der Pfluag schneid't durchs Feld,
Boid der Acker werd b'stellt,
Und der Bauer saat fromm mit der Hand,
Nachher is's wieder Früahling am Land.

Wann s' 's Viech treib'n in d'Ötz'n,
Beim Grosmah'n hörst's wetz'n,
Und der Loaterwog'n rattert im Sand,
Nachher is's wieder Früahling am Land.

Boid s' drent auf der Leit'n
De Leinwand ausbreit'n,
A Giaßkanna gnädig zur Hand
Nachher is's wieder Früahling am Land.

Mir scheib'n eiserne Reifen,
An de Zöpf neue Schleifen,
Und harwa is wieder mei Gwand,
's is ja Früahling am Land.

Derf barfuaß scho laffa,
Möcht Glosschusser kaffa,
Auf d'Stelzen steig'n hoch umanand,
's is ja Früahling am Land.

Bei der Hoslnußstaud'n
Scherz'n Katzerl, de grau'n,
Mit de Bieberl gluckt d'Henn umanand,
's is ja Früahling am Land.

Vo nah und vo weitem
Schallt bis zum Betläut'n
Der Deng'lschlog z'ruck vo der Wand.
Jaz is's Früahling am Land.

Löwenzahnlaternderl

Löwenzahnlaterndерl,
Mit de silbern'Sterndеrl!
Mi plogt des olle Tog,
Ob mi mei Bua woi mog?
Koon eahm net frog'n.
Du muaßt ma's sog'n!

Wann er mi liabt, na is
In deiner Mitt'n g'wiß
Koa Fleckerl dro.
Glei blos' ii s'oo.
Nichts net is do!
Wia bin ii froh!

Löwenzahnlaternderl,
Fort san alle Sternderl!
Du host dein' Glanz verlor'n,
I bin so glücklich wor'n!
Wia dank ii 's dir?
Ja, er g'hört mir!

D' Schwaiberl

D'Schwaiberl ziahng ei
A jeds Johr im Mai.
Do glei unterm Doch
Schaun s' grod a weng noch,
Ob oills is aa guat
Do drob'n für de Bruat.
De oidn, kloan'n Nester
Werd'n g'flickt a weng fester.

I hob's, hoit so gern,
Wann i 's wieder ko hörn
Des Zwitschern und Singen.
Daß d' Schwaiberl 's Glück bringan,
Des woaß i ganz gwiß.
Boid 's Juni na is,
Do reckan de Junga,
Voi Hunger,
De Schnaberl weit raus.
Ei geht's na und aus.

Und erst des Gezeter
A poor Wochen später!
Der Plotz werd iaz z'eng,
A weng.

Und noch kurzer Zeit
San s' selber so weit,
Fliang ei und fliang aus,
Togei und togaus.

Aber heit foillt's ma schwaar:
De Nester san laar!
„Z'Mariä Geburt,
Fliang d'Schwaiberl furt."

„'s Kreeweibe wa wieder do"

„Kennts me no? Kennts me scho!
's Kreeweibe waa wieder do!"
So hot s' g'schrian jed's Johr im Lenz.
„Freit me recht, daß es mi kennts!

Schauts, de Kräuter und de Sama!
Weit bin ii vo Bamberg komma.
Do in dene Sackerl drin
Hätt ii Sam' zum Selberzieh'n:

Anis, Kümme, Koreander,
Ois fürs Bacha waa beinander.
Und für Supp'n, G'müas' und Brot'n
Taat ii enk recht guat berot'n:

Petersil und Sellerie
Nimmt a g'scheite Köchin viel.
Und vo Kerb'l und Liabstöckl
Taat ii sog'n, grod a kloan's Bröck'l.

Aber wanns de Sau hobts g'schlacht't,
Bluat- und Leberwürst werd'n g'macht,
Preßsock schwarz und weiß, o mei!
Und boids 's Fleisch in d'Sur legts ei:

Do brauchts Knoblauch, Estrago,
Und a Bohnakraut g'hört dro.
Kerb'l, Dill und Thymian,
Koreander, Majoran,

A poor Blattl Rosmarin
Waarn recht guat beim G'flüg'l drin.
Wißts, im Zwilling ma saan soll,
Na gedeiht ganz g'wiß ois wohl;

Und im Krebs koo 's sell' guat grot'n
Des wachst owe, nei in 'n Bod'n:
Dotsch'n, Rade, Ruam und Ranner.
Bauts hoit oo, na werds es g'spanna!"

In a Fetzerl Zeitung nei
Wickelt 's Weiberl d' Sama ei.
„Hätts a Scherzl Bauernbrot?
Gelt 's enk Gott, und iaz b'füah Gott!"

Schaffemacher!

Schaffemacher, schlog rundum!
Kliab de Klob'n fei jo net krumm!
Schneid de Daufeln, daß s' guat lieg'n!
Ziahg s' schee z'samm' mit Band und Zwing!

Bleibt der Knecht, na, sogt er, möcht er
Ganz an noglneuen Sechter.
's Schaffe, des hätt' aa an Riß,
Und der Zuber z'lex'n is.

Naa rinnt noo des Howanfaßl
Und fürn Troad hoilt aa des Maßl.
Ember braucht er, Stotz'n, Kübe,
Mehrer Faßln waar'n net übe.

Schaffemacher, heit host z' doan!
Bei dem Reg'n hoaßt's Odlfoahr'n.
Brauchat 's Odlfaß, des Trumm,
Schaffemacher, schlog rundum!

Sog: „Morg'n doa ma bacha"...

Amoi schickt me d'Muatter
Zum Bacher-Oosogn,
Daß d'Nachbarn, wann s' möchtn;
An Doag umatrogn:

„Sog: „Morgn doa ma bacha,'
Beim Huaber drent, glei!"
„Do könnts es leicht lacha!"
Moant der, „Mir san dabei!"

Der mordsgroße Trog
Steht scho in der Stubn,
In der Küch draußt der kloane,
Do drah de no um!

Und drin in am Kastn
Steht 's Ur und duat rastn,
In am Kübe aus Hoiz,
Des is a ganz oids.

Des „Ur" is der Anfang,
Des braucht ma zum Bacha.
Wos des Bröckerl Doag
Konn über Nacht macha!

A weng lauwarms Wasser
Muaß 's Ur hom zum Geh,
So bleibt's im Urhefer
Am Herdrand drobn steh.

Mit an etla Maß Mehl
Für 's Knödlbrot, des hell,
Oodampfeln s' auf d' Nacht,
Hoilt a Vordoag werd g'macht.

Lang vorm Gocklschrei,
Umra zwoa oder drei,
Fangt 's Doagknetn oo,
Stockfinster is 's no.

Des Dampfe neigschütt't
In de Brottrög in d'Mitt!
An Gwürz wia an Soiz
Bei koam Doag net fehlt's.

A guat lauwarms Wasser
Schee langsam dazua.
Zletzt derf's hoit net bicka,
Na waa 's akrat gnua.

Drauf werdn Trümmer Doag,
So groß wiar a Loab,
Fest knet't und neigschlicht't
In'n Brottrog ganz dicht.

Iaz ham ma a Ruah,
Der Doag und aa mir.
Na deckans 'n zua.
"Guat Nacht in der Früah!"

Recht zeitig werd gweckt,
I hupf aa scho raus.
A Feuer ham s' g'legt
Im Backofn draußt.

Auf längane Bretter
Liegn ebban vierz'g Loab.
Heut is's a g'recht's Wetter.
„Huaber, gib her dein'n Korb!"

Vorg'hoazt waa's iaz gnua.
Ii schau do gern zua,
Wia s' de Gluat grod ruck-zuck
Verteiln mit der Kruck.

Boild de Deckn glüaht grau
Stimmt de Hitz ganz genau.
Gschwind her mit der Kruck,
Und de Kohln schiab' ma z'ruck!

Naa! Fürs Kohlnbügleisn
In de Kupferpfann schmeißn!
Und fürs Kornkaffeebrenna;
Aa des muaß ma könna.

Mit am Reisadwisch werd
Oill's gach außerkehrt.
Tropfnoß soillt er sei;
Und 's Mehl na glei nei!

Wann des bleibt schee hell,
Trogn s' d' Loab zuawa schnell,
Noß drüber a weng,
Und scho waa oills g'schehng.

Na schiam s' Loab um Loab
Vom gangan Brotdoag
Auf a langstieligs Brett.
Daß woi oill's g'recht geht!

Des woll' ma hoit hoffa.
Schee neigschicht't in 'n Ofa!
Drei Kreuz machen s' drauf:
„In Gott's Nam' gehts auf!"

Zwoa Stund drauf schaung s' nei.
Do lieg'n s' in der Reih,
De knusprig'n Loab;
Und dee scheene Foarb!

Und raus waht a Duft,
Nia net zum Beschreim,
Der steht in der Luft.
Wia mir uns do gfrein!

Is a Biast überbliebn,
Werd 's Brot glei ei'griebn,
Na kriagt z'letzt des ganz
An extra scheen' Glanz.

Is oill's längst heraußt,
Kemman mir wieder g'saust.
Jaz san s' hoaß d'Aschnzeltn!
Butter drauf! Des gibt's selten.

's Brot ham g'acht no de Leut,
Grod oiswia wann's waa g'weiht.
Bet't ham s': „Du liaber Gott,
Gib uns 's tägliche Brot!"

O. Piltz

Auf geht's iatz zur Fahnerweih!

Leit, auf geht's iaz zur Fahnerweih!
Des is a Dog fürn ganzn Gai.
Heit san de Veteraner dro,
De kriang a seidngstickte Fah.

A so a Fest braucht ei'studiern:
Der Lehrer koon an Taktstock führn,
Und de Kapelln hot wochnlang
Probt Marsch und brunnentiafn Gsang.

Der Burgermoaster koo sei Red,
Akrat wia s' drin im Büache steht.
Und daß s' de Leit geht aa ins Gmüat,
Hot er s' im Stoill laut ei'studiert.

De Manner ham se net geniert,
Stramm steh' und Gleichschritt ausprobiert;
Und jeder koon zur Weih iatz trong
An blüahweiß g'stärktn Hemadkrong.

De Jager keman mit der Büchs,
De Burschn trong de kurze Wichs,
De Buam gehn barfuaß, und vom Staab
San d'Lofei scho vorm Ei'marsch graab.

De Fahnenjungfern ham grod gfrogt
An Spiagl, wia ma d' Schärpn trogt,
Und wia im Miader steckan drin
De Nagerl und der Rosmarin.

De Prangerdirndln stehn Spalier.
Der Schandi gibt se alle Müah;
Er kommandiert: „Bis d'Weih is aus,
Bleibn Hund und Henna drin im Haus!"

De Nanni derf a Verserl song,
Wia d' Fahna kimmt zum Einzugsbogn.
Bis weit in d'Nocht solln s' gflochtn ham
De Taxn vo de Tannabaam.

Scho krachan Böller laut durchs Toi.
Leit, iatz geht's auf zur Fahnerweih!
Do stehn de Veteraner stramm,
Und d'Musi spuit und blost tamtam.

Som- mer

Sommer

Der Sommer
Is komma!
Im Korn drin leucht' schon
Brinnrot der Mohn.
Schwaa hängen de'Ahr'n.
's werd boid zeitig werd'n.

Laufkäfer leucht'n
Drunt im taufeucht'n
Riedgros im Moor.
Im blaugreana Flor
Flitzen de hell'n,
Schlank'n Libell'n.

Und d'Sommersonn' sticht
Oill's flimmert im Licht.
Unter der Lind'n
De Küah Schatt'n find'n.
Wia's doo summt und duft't
Nach Sommerluft!

Des groſze Glück war...

Diam hob i ois Kind
Ins Kornfeld mi g'legt,
A Lüfterl g'spürt lind,
Sonst hot se nix g'regt;

Grod 's Lercherl hörst trillern,
A Käferl siahgst schillern,
Und Mohnbleame glüahn neb'n am Dorn.
Rings um mi wogt 's reifende Korn.

Und wiar i do schau
Weit aufe ins Blau,
Schwebt 's Lercherl ganz fern.
Kaam koon i 's no hör'n.

Hob lang do naufg'schaut
Und Luftschlösser baut
Aus Wolken und Blau
Aus Bleame und Tau,

Ohne Anfang und End,
Grod wia's Firmament.
Hätt' an Himme boid g'seng,
Wia im Korn i bin g'leg'n.

Hob ahnungsvoll träumt
Vom ganz groß'n Glück.
I hob nix versäumt.
Aber wann i denk zrück,

Nacha is 's mir ganz klar,
Des große Glück war
Des Himmenaufschau'n
Und Luftschlösserbau'n.

Schau, de Zistlleut!

Kirsch'nzeit.
Schau, de Zistlleut
Keman heit,
Ja de Freid!

Und a Muli ziagt de Kutsch'n.
Boid werd d' Ladung owarutsch'n!
Lauter Zistln, zwoarerlei.
Neue Spaa hab'n s' aa dabei.

Schoo biag'n s' eine in d' Remis'.
Zwoa, drei Wocha bleib'n s do g'wiß.
Glei is auspackt eahna Sach,
Und sand s' hoamlig unterm Doch.

G'schlafa werd auf d' Nacht im Hei,
Wia oiwei.
Und beim ersten Gocklschrei
San de Zwei,
Wia oiwei,
Bei der Flechterei,
Bis um drei.
Ii sitz aa dabei.

Na geh'n s' staad
Vo Haus zu Haus,
Trog'n bis spaat
De Zistln aus.
Speck werd g'hamstert,
Bauernbrot,
Butter, Howan,
Hei und Gsod.

* * *

Flecht'n, flecht'n,
Nix wia flecht'n;
Körb zur Link'n,
Körb zur Recht'n.

Se hab'n net grant'lt,
Hab'n net g'lacht,
Nix net wia eahna
Arwat g'macht.

Se san net jung g'we'n,
Aa net oilt.
Und kema sand s'
Vo drob'n, vom Woild.

Neamd hot gred't
Vo früah bis spät.
Zu mir hab'n s' g'sogt
Koa Sterbenswort.

* * *

Und doch, wia s' na
San wieder fort,
Hot se in mei kloan's Kinderherz
Wos g'schlicha wiar an Abschiedsschmerz.

* * *

D' Wies'nbleame

In der Sommerszeit
Hob i g'habt mei Freid,
Wann ii früahra bin am Anger,
Oder in 'ra Wies'n ganga.
Wos hob ii do Bleame g'fund'n
Und zu liabe Sträußerl bund'n!

Wies'n voller Löwenzahn,
Butterbleame, Baldrian,
Waldvögerl und Weidenröserl,
Hellerkraut und Hirtentäscherl,
Wies'nsalbei, Hyazinthen,
Oill's konnt'st find'n.

Und des Summen!
Und des Gaukeln!
Und des Brummen!
Und des Schaukeln

Auf dem Tausendgüldenkraut,
Klappertopf und Seifenkraut.

Orchis hot's geb'n; Frauenschuah,
Günsel und Talstern dazua.
Knabenkraut und Türkenbund,
Aronstab im Wiesengrund,
Margarit'n, Bärenklau,
Enzian so leuchtend blau.

Und des Flattern,
Und des Zirpen,
Und der Duft
In der Luft!

Und erst de Vergißmeinnicht,
D'Wegwarte, so zart und liacht,
Kuckucksnelken, rot und weiß,
Gänsebleamerl, Ehrenpreis;

Und im Feld drin war'n de Kron
Kornbleame und roter Mohn.

Wann ii heut auf d'Wies'n geh,
Tuat mir des von Herz'n weh,
Daß ii find koa Bleame net,
Grod ois waar'n s' vom Wind verweht.
Ausg'rott't werd'n s' zwengs am Ertrog;
Dageg 'n ruaf ii laut zur Klog!

Wann ii früahra bin am Anger
Oder in 'ra Wies'n ganga,
Wos hob ii do Bleame g'fund'n
Und zu liabe Sträußerl bund'n!
So a Sommerwies'n is
Wiar a Gruaß vom Paradies.

Margarit

Margarit;
I di bitt:
Hot er mi,
Oder net
Gern?

Deafat ii,
Margarit,
Oder net,
De Seine
Werd'n?

Sog mia des,
Margarit,
Siagt er mi,
Oder net
Gern?

Margarit,
Drum ii bitt,
Sog mia's hoit,
Werd's scho boid
Werd'n?

Margarit,
Boid er se
Dat gor net
Um mei Liab
Schern,

Müassat ii,
Glaabst as net,
Margarit,
Vor Verdruß
Rern.

Margarit!
Margarit!
Er liabt mi!
Er hot mi
Gern!

Dank dir schee,
Margarit!
Obzupft hob ii
Mit lauter
„Liabt er mi?"

Dei G'sichtl weiß.
I hör dei
Schluchz'n leis,
Drum nehm' ii dir zum Lohn
Mit mir dei Kron.

Heuernt is am Leher

Heuernt is am Leher,
Mir heig'n grod no z'samm',
A Wog'n rattert näher.
Zwanz'g Fuhr'n wer'ma ham.

De Sommersonn' zünd't
Auf d'Wies'n, de g'maht.
Heut g'spürst gor koan' Wind,
Jed's Lüfterl hoilt staad.

Zwisch'n hohe Heuzoan
Fahrt 's Fuhrwerk iatz rei.
Aber heut ham' ma z'doan!
Grod resch is des Heu!

Oa Dirn tuat am Wog'n
Fuaderfost'n, wia s' sog'n.
Zwoa Kleanane tret'n
Drob'n 's Heu z'samm' um d'Wett'n.

Und d'Manner schlog'n auf
Mit Gobeln aus Eis'n.
Do hoaßt's aber plog'n
In der Sonna, der heiß'n!

An etla nochheig'n.
's Fuader wachst oiwei höher.
D'Muck'n tanz'n an Reig'n.
Iiziahg an kloan Recha.

De Dirn schreit: „Auf d'Seit'n!
Jaz hint'auf de letzt!
Gach muaß s' 's Heu ausbreit'n,
Und der Wistbaam werd g'setzt.

Zum Heubod'n geht's nauf.
's nächste G'spann is scho do.
De oana lod'n auf,
De andern laar'n oo.

Fuhr um Fuader folgt noch
Und schwankt hoam zur Tenn.
Wann i naufschau aufs Doch,
Konn a Flimmern i seh'n.

Grod würzig schmeckt d'Luft
Noch Heubleameduft.
Is des heut a Hitz'n!
A jeder muaß schwitz'n.

„Guat, daß ma 's boid ham,
Schauts aufe zum Staffa,
Do ziahgt se wos z'samm'."
D'Leut fangan oo 's Laffa.

Schnell z'samm'schiam. Vorn aufe!
De Dirn hot's im Griff.
„Oidroo!" schreit s', „Mitt'ei!"
Wia 's treibt her 's Wolk'nschiff.

Und der Wind reißt's vom Wog'n,
Do hoaßt's aber flitz'n!
Gach z'samm'heig'n und aufschlog'n
Beim Donnern und Blitz'n.

Zwoa fost'n, zwoa tret'n.
„Vornauf!" und „Mitt'ei!"
Grod koon ma's no rett'n
Des letzt' Fuader Heu.

An Wistbaam festbind'n,
Naa ooheig'n, hoamrattern,
's letzt Fuader z'samm'schind'n!
Boid fangan s'oo 's Tattern.

„Fest oohob'n beim Hoamfahr'n!"
Ji sitz ob'ndrauf.
Jatz geht's no zum Oblaarn
De Tennabrucknauf.

Und kaam is de Fuhr
De Eifahrt neig'schwankt,
Klatscht's owa auf d'Flur.
Am Herrgott sei's dankt!

A Wetter rollt oo.

A Wetter rollt oo.
Stockfinster werd's scho.
Wia d'Obstbaam se biag'n,
Und d' Schwaiberl tiaf fliag'n!

Hört's d' Sturmglock'n läut'n!
Jatz grollt's scho vo weitem.
Es schmeckt unheilschwanger.
Do rollt's her zum Anger.

„Muatter Anna, Muatter Anna,
Treibs Wetter von danna!"
„Buam, toats ja net scherz'n,
Holts glei d'Wetterkerz'n!"
Scho pfeift's um an Giebe,
Na klirrt's drin im Stübe.
„Daß 's d' Fenster zuamachts!"
Kaam blitzt's - und scho kracht's.

Es prasselt und braust,
Es zuckt und es flammt.
Wia der Schauer tost draußt,
Bang' ma drin allesammt.

Werd der Blitz woi net zünd'n
In der Tenna voi Hei!
„Vergib uns die Sünd'n!"
Bet' ma ängstlich voi Reu.

„Boild der Hogl derschlogt
An Woaz'n und 's Korn,
Hab'n umsonst mir uns plogt
Und hätt'n hint nix und vorn."

Mir bet'n an ganz
Den lang'n Ros'nkranz.
So kniean ma am Bod'n.
Verziahgt se 's denn schon?

Gottlob trogt's der Wind
Zum Untersberg hint.
Do schnauf' ma von Herz'n
Und blos'n aus d' Kerz'n.

Rogg'nschneid'n

Heit müaß'ma
Rogg'nschneid'n,
Des koon ii
Gor net leid'n;
Seit oller Fruah
Schneid 'ma scho zua.

D'Sunn brennt aufs
Feld net g'scheit,
Drum is de
Arwat heit
A recht a Kreiz.
's Rast'n net leid't 's.

Sechse in
Oaner Reih'n,
Bist aa kloa,
Muaßt doo schneid'n
Hint'nnoch bind't der Knecht
De Garb'n z'recht.

Zwoa stell'n de
Manndln z'samm;
An Strick rum,
Daß s' guat hob'n!
Werd woi morg'n
Hoater sei!
Na fahr' ma's ei.

Glaab ma's, fürs
Rogg'nschneid'n
Do bin ii
Z'fein.
Ii setz weng
D'Sommermial
Auf a broat's Hüatl.

Für a jung's
Dirndl is
Des nix
Ii sog's;

Stoppeln und Dist'ln san
Mir so vui z' wax.
D' Händ ham schoo
Blodern und
Kratzer de Wadl.
's Kreuz tuat ma weh,
I bin doo a kloan's
Madl!

Mit lauter
Schneid'n werd de
Siche boid
Stumpf.
Ji hob mein'
Wetzstoa do
Drin in am
Kumpf.

Oans, zwoa, drei
Wetz'ma glei

Mitnand im Takt;
Weiter geht 's
Rogg'nschneid'n,
Neamad net klogt.

Wer ebban
Schmeißat de
Siche ins Korn,
Der hätt' bei
Alle Leit
D' Achtung verlorn.

Woaz'nmah'n

D'Sonn' steigt boid hinterm Bühel rauf;
Heit werd der Woaz'n g'maht!
De Schnitter schultern d'Saas'n auf.
Vom Stoi der Gockl kraht.

Am Feldroa bleib'n s' a wengerl steh
Und schickan, wia se's g'hört,
De Bitt' zum Herrgott drob'n in d'Höh,
Daß d'Ernt' zum Seg'n werd.

Taufrisch is no de zeitig Fruah.
Auf oamoi rauscht's im Feld.
Reih foillt um Reih, Mohd liegt neb'n Mohd,
Brinnrot leucht't 's Himmelszelt.

A weißtupft's Rehkitz gach derschreckt,
Der Feldhos stutzt und hoch se reckt.
De Krah'n auf d'Stopp'ln rumstolzier'n
Und 's Lercherl stimmt oo 's Jubilier'n.

Diam siahgst an Schwoaf von am Fasoo;
Auf oamoi fangt der 's Renna oo.
De Spotz'n seg'ln scharenweis.
Boid waa's, ois schluchzt der Mohn ganz leis.

Net ehnter wia de Manndln steh'n,
De Schnitter z'letzt vom Feld hoamgeh'n.
Noch etla Dog, wann's zünd't schee warm,
Fahr'n s' hoam de resch'n Woaz'ngarb'n.

Is's der oa, is's der ander?

Der Storch is g'flog'n komma
Grod mitt'n im Sommer.
Daß 's Glück is eizog'n,
Des koon ma woi sog'n,
Weil 's dreizehnte Kind
Glei Zwilling wor'n sind.
Zwoa ganz stramme Buam,
Wia vom Acker zwoa Ruam.

Grod lustig dreischaug'n
De himmeblau'n Aug'n.
Und jed's hot a Grüaberl
Vo dene zwoa Büaberl.

Und wann ma so schaut,
Schreit jeder gleich laut.
Ma kennt s' ausanand
Grod an aram Band.

Wia s' san zu der Tauf
Nach Teisendorf nauf,
Do hot ma an d' Handl
Hibund'n a Bandl.

Drum woaß ma's genau,
Der Steffe is blau,
Der Ludwig is rot.
Sei Farb jeder hot.

Amoi holt des Nanndl
A holzerns Bodwanndl.
Setzt de zwoa nei mitnand,
Wia's Brauch war am Land.

„Schod um de fein' Bandl!"
Moant do des kloa Nanndl,
Und bind't vo de Handl
De Bandl.

Aber des Nanndl
Merkt se grod de Bandl
Und net de zwoa Buam
Wia vom Acker zwoa Ruam.

Seitdem, wiar ii sog,
Is 's blieb'n bei der Frog:
Is 's der oa, is 's der ander?
Neamd kennt s' ausanander.

's Spuin, des war hoit gor so schön!

'S Spuin, des war hoit gor so schön,
Wia mir san no Kinder g'ween.
G'hört hot uns de ganze Welt,
Ohne Spuizeug, ohne Geld.

Koane Strümpf und koane Schuah
A jed's Madl, jeder Bua.
Unter d'Äpfebaam am Anger
Ham ma „Fangermannd g'fanga".

Und a andersmoi kam dran:
„Fürchtet ihr den schwarzen Mann?"
Na „Engerl, Engerl, du bist schwaa
Vo lauter Gold und Silber aa."

Ois Teuferl im „Fahr Zug, fahr Zug!"
Do hot's de beutelt vor und z'ruck.
Und wißts es no, wia lustig war
„Schneider, Schneider, leih mir d'Schaar!"

Bei „Ist die schwarze Köchin da?"
Ham alle g'jauchzt: „Da steht sie ja!
Und in dem Spui „Macht auf das Tor!"
Do warst a Mann mit gold'nem Haar.

Zwoa Flachsköpf schrei'n und geb'n se d'Hand:
„Mir san de Mohrn vom Morgenland".
Und in „Der Bauer geht ins Holz"
Bist Knecht, bist Bäurin, was 's grad wollts.

Bei „Wollt ihr wissen wie der Bauer"
Host Hafer g'sät mit vui Ausdauer.
In „Drüben am Karolersee"
Bist gor no blieb'n als Es'l steh.

Boid „fleiß'ge Waschfrau", „Blinde Kuah",
Grod Phantasie host braucht dazua.
Ii war net gern de Kuah, de blind,
Dafür 's Dornröschen, a schön's Kind.

Do drent am Roa, glei neb'n am Weiher,
San oft mir g'hupft im Ringelreiher.
Boid drunt am Boch, boid drob'n im Woid,
Und nauf de Baam, war des a Freud!

Und auf der Wies'n „Graserlrupfa,"
Und auf 'm Platzl „Häuserl hupfa",
Und „Sandmann spuin" und „Windradl treib'n"
Und oide Eis'nreif'n scheib'n.

Und auf de Stelz'n geh', de langa,
Und mit der Hand Forell'n fanga,
De Ahornzwicker vo der Nos'n
Schee weit ins Wosser außeblos'n.

Und ham ma „Räuber“ g'spuit „und Schande“
Do hob ii nia g'wußt, wiar ii dran bi;
Weil, wer hot Angst? und wer soll fanga?
Des is mir net ins Köpferl ganga.

Ham mir do g'lacht beim „Rösserlb'schlong"
Und aa beim „Zungenbrechersong"!
Woaßt no des Löwenzahnlaterndl-blos'n,
Und hoch an Drach'n steig'n loss'n?

Des Oascheib'n über kreuzte Recha,
Und in a Schachterl mit vui Löcher
Des Mai- und Junikäferfass'n
Und in der Schui des Außerlass'n?

Na ham ma aa g'spuit „Flurumgang".
Vorn oana hot trog'n d' Fahnastang,
Des war vom Heig'n grod so a Recha,
A Fleckerlteppich, hoit mit Löcher.
Und mir, vom Dorf de Kinderschar,
Ham laut bet't Rosenkranz, g'wiß wahr!
Wer denkt no an des Kranzerlbind'n?
Des Schifferlschnitz'n vo der Rind'n?
Am Sandhaufa des Kuach'nbacha?
Und aa des Semmeknödlmacha?
Ans Häuserlbau'n aus Moos und Steckerl?
An Eichlpfeiferl, Pfarrerkäpperl?

Ans Bacherl hint im Buach'nwoid?
Wia's do hot zwitschert und hot g'hoillt!
Und d'Wassermühl'n ham klappert laut,
Vo meine Brüader einebaut.
Ob do hint woi der Immergrün
Tuat heit no so schee liachtblau blüah'n?
Auf d'Nacht na, wia's 's Gebet hot g'läut't,
Do war's für uns zum Hoamgeh'Zeit.
Denkst du net aa no gern do z'rück
An's Kinderspui, ans Kinderglück?

De Moamühl, de oid

Z'nachst bin i grod ganga
Am Moamüller Boch,
Wo d'Vergißmeinnicht prangan
Am Wasserlauf noch.

Do waar 's mir boid g'wee'n,
Ois hör i wos red'n;
A Sprach wia vertraut.
Und iaz werd s'no laut!

Ja konn's denn des geb'n!
De Moamühl, de oid,
Wo der Boch owafoillt,
De is no am Leb'n!

Und wann se schee staad
Des Mühlrad rumdraht,
Rauscht a Sprach, scho uroit,
De mir g'foillt.

In de Schaufeln, schee groß,
Wachst freilich scho 's Moos.
Drum tuat's a weng leiser,
Hoilt heiser.

Des Rad macht me jung.
Ii siahg me im Sprung
Übern Boch umehupfa,
Wo d'Lammberl Gros zupfan,

Und z'ruck wia d'Libell'n,
De wo do rumschnell'n.
Na sitz ii am Rand,
Hoilt ins Bacherl nei d'Hand,

Schau am Wasser grod zua,
Loß Schifferl fortgleit'n
Aus Blattln, de breit'n.
A Grill'n gibt koa Ruah.

Wiar a Wuidant'npaar
Kreischt neb'n mir vorbei,
Werd mir des wieder klar:
's is ja Herbst und net Mai.

Aber des wos is g'ween
Konn nia net vergehn,
Solang 's Bacherl no rauscht
Über 's Mühlrad do draußt.

Liaber Herrgott, bitt schee,
Loß des nia vergeh!
Liaber Herrgott, derhoit
De Moamühl, de oid!

I siahg de no...

No oamoi möcht i de derspahn
Beim Ackern, Saan und Groamatmahn!
An Pfluag hoitst fest in deine Händ,
Gunnst dir koa Rast, bis 's Feld is g'wendt.

Grod wia de Oidn bsellst an Bodn.
A kurze Streck, na macht's dei Sohn.

I siahg de no zum Himme schaung.
A Bitt liegt in de liachtn Augn:
„Herrgott, loß wachsn oills und grotn!
Werd woi koa Hogl uns net schodn!"
Drauf machst a Kreuz nach derer Bitt,
Und übern Acker führt dei Schritt.
Du greifst ins Saatuach, und schee staad
Werd Bong um Bong der Roggn gstraat.
Beim Saan hob i den Adl g'sehng,
Der tiaf in deiner Seel is gleng.
Und in de Aung, do war a Leuchtn,
Wia's funkelt diam im Gros, im feuchtn.

Und aufamoi hör ii 's genau,
Des Rauschn in dem Gros voi Tau.
De Bleame sinkn hii zur Mahd.
Andächtig is de Fruah, de staad.
Du beugst de vor und bleibst net steh,
Rinnt aa der Schweiß auf Gros und Klee.

Vom Herzn her nimmst du dei Kraft,
Und tuast dei Arwat, bis s' is g'schafft.
Beim Saasndengln ruahst de aus,
De Pfeif im Mund, auf d'Nacht vorm Haus.

Herbst

Es herbstlt

Es herbstlt,
O weh!
Wann ii do geh
Durch d'Wies'n, de feucht'n,
Siag ii wos leucht'n:
Spinnweb'nfäd'n!
An Distlsteng'ln
Und Knöterichschwengln;
Und grod ois wann s' hätt'n
Perlen aufg'reiht.
Herbst is, 's werd Zeit!

Es herbstlt,
O weh!
De Schwaiberl no rast'n
Hoch drom auf de Mast'n.
Scho siahgstas flattern
Do drent übern Gattern

Und kaam war'n s' no dort,
San s' schoo wieder fort.
Weit fliang s' weg, weit!
Herbst is,'s werd Zeit!

Er hot oill's des g'habt für d'Schuil.

Mit dem oid'n Emil Geith
Lebt a Hauch der Kinderzeit.
Er hot oill's des g'habt für d'Schui
Und aa Spuizeug vui:

Schiefertofeln, Tofellappen,
Schnapperlmesser, de zum Klappen,
Griffeschachtln, Federlapperl,
Tintnglasl mit am Kapperl,
Schwarze Tusch in kloane Flascherl,
Rhedisfedern, Federtascherl,
Malkreidn, Federn, Federhoiter,
Wianglöscher fürn Herrn Verwoiter,
Buttergriffeln, kratzade,
Mei, war do des Schuigeh schee!
Mit der kloanen Zählmaschin
Warn de Zahln im Kopf glei drin.

D'Lehrer ham uns g'schenkt no Zettl
Und für zehn a Fleißbilletl,
Abziahbuidl, Aufpappbuidl,
Heilengbuidl, Spitznbuidl,
Gor de farbeng Hauchbilletl!
Zu der Firmung, do gab's Kettl.
's Lesebuach hot g'hoaßn „Fibel."
Voill vo Buidln war de Bibel.

Rosnkranzerl gab's zum Betn
Und für d'Musi Klarinetten,
Zithersaiten, Zitherring,
Notenhefta, Fingerring.
So vui Sachen, so vui Sachen!
Kreppapier zum Rosenmachen,
Weiß und rosa, rot und grea,
Und no mehr:
Stehaufmanndl, de zum Steh,
De wo oiwei schnell'n auf d'Höh.
Trommel, Kasperl, Steckenpferd,
Hot de Buam des Christkind b'schert;
Roßstoi, Schimme, braune Rösser,
Burgen und Pappdeckelschlösser,
Zinnsoldaten mi'm Wachhäusl
Kasperlbritschn, Musikkreisl,
Blostrompetn, Aussägnsagerl,
Puppnküchn, Puppnwagerl,
Mammapuppn, schlafade,
Mei, so schee!
Christbaamkugln, Englshoor,
Ebbas Kloans hot's gebn jeds Johr.

Kranzerl hot er g'habt zum Pranga,
Für de Faschingszeit Luftschlanga,
Himmeblaue Zöpferlschleifn,
Und zum Scheibn de hoizern'n Reifn;

Andenken an d'Erstkommunion
Und an d'Firmung vo der Gotn.
Vo am Betbüacherl in Sammt
Hob ii hoamlich öfters traamt.

Ins Album für Poesie
Ham ma g'schriebn: „Vergiß me nie!"

Mit dem oid'n Emil Geith
Lebt a Hauch der Kinderzeit.
's Leb'n war no voi Poesie,
Drum vergeß ii 's nie.

Vo Soizburg des Kräutlwei

Denk i z'ruck zur Kinderzeit,
's is scho weit!
Hörst as scho,
Kaam daß d'Schui im Herbst fangt oo,
Vo Soizburg des Kräutlwei:
„Grüaß euch Gott, i bin so frei!
Wißts es eh, fürn Krankheitsfoi
Hätt i de Heilkräuter oi.

Brauchts koan Dokter, brauchts koan Bader,
Na, ii loß euch net zur Ader!
Koon mit Kräuterl oills kuriern,
Grod probiern!

Diam braucht ma, 's is leider wahr,
Ebbas geg'n an Darmkatarrh.
Fenchel, Lein und aa Kamill
Macht de Unruah wieder still.

Taat a Gripp' schee tiaf drinsitz'n,
Bringt de d' Hollerblüah zum Schwitz'n.
Kaam muaßt huast'n, scho host's los!
Mit Lind'nblüah und Heck'nros.

Fangt de Gall'n ganz gräuslich an,
Brüahst dir auf an Löwenzahn!
Schachtlhalm verjüngt dei Haut.
Boildst's net glaabst, in'n Spiagl g'schaut!

Waa gor 's Herz a wengerl schwach
Huifst mit Weißdorn der Sach noch.
Keuchhuast'n is net zum Scherz'n!
Lindern kannt s'a Königskerz'n,

De habts eh vom Frauertog.
Loßts euch sog'n, boid jede Plog
Heilt mit Wunderkraft Kamill',
Drum rot ii do b'sonders viel.

An Spitzweg'rich brüahts dem oo,
Der wo's net derschnaufa koo.
Schmeckt's dir net, nimmst Bibernell,
Do glust's de ums Ess'n schnell.

Ham s' z'vui Druck d'Arterien,
Iß aufs Brot nauf Knoblauchzeh'n.
Wannst des tuast, kriagst no dazua
Vo de lästig'n Leut dei Ruah!

Na, du brauchst net glei oofanga,
Boidst de umdrahst, bin ii ganga.
Nervenkrank werds es net sei!
Fehlt's am Schlof, nehmts Baldrian ei!

Wann de junga Leut taat'n schwitz'n,
Waa's zum Bettleg'n gor koa Grund.
Wei grod d'Arwat is recht g'sund.
So, do host deine Stranitz'n!

Hätt hoilt gern a Stückerl Speck
Auf'n Weg.
An Scherz Brot aa, gellns', den leid'ts.
Mei, plogt mii heit wieder 's Kreiz!

Gebts am Kräutldokter d'Hand!"
Lacht s' z'letzt, und „Pfüa Gott beinand!"

Hopfazupfa

Oans, zwoa, drei, vier,
Hopfazupfa!
D'Herbstsonn' scheint
Akrat wia Kupfer.
Goldgrea san de
Dold'n heit,
Do is 's Brocka
Grod a Freud.

Oans, zwoa, drei, vier,
Hopfazupfa!
Wann aa d'Händ' wer'n
Wax wia Kupfa,
Und de Finger
Braun wias Bier,
Gfoillt des Hopfa-
Zupfa mir.

Oans, zwoa, drei, vier,
Hopfazupfa!
Hot aa d'Stasi
Lauter Tupfa
In dem junga
G'sichtl drin,
Geht s' am Hias net
Aus 'm Sinn.

Oans, zwoa, drei, vier,
Hopfazupfa!
Auf d'Nacht wer'n im
Tanz mir hupfa,
Aber z'erst hoaßt's
Fertig wer'n,
Laab und Staab und
Tenn z'sammkehrn.

Aus is 's iaz mi 'm
Hopfazupfa!
Brauch grod no
An Sechter z' lupfa
Und mei Mile
Owatreibn.
Auf geht's na
Zum Tanz um d'Reibn!

Krautei'höb'ln

Krautköpf,
Krautköpf,
Krautéi'hob'ln!
Überoill,
Wohi ma schaut,
Berg vo Kraut!

Naa des Kraut
In d'Fässer fass'n.
Steffe, kimm,
Glei d'Füaßerl wasch'n!
Fei ganz sauber,
Fei ganz schee,
Jede Zeh!

Steffe, steig do
In des Foß!
Tritt 's Kraut z'samm,
Bis d' Füaß san noß!
Soiz nei, Steffe,
Und fest tret'n!
Kraut nei,
Tret'n,
Steffe, tret'n!
Wos, es beißt de
Scho dei Haut?
Steffe, tret,
Boid gibt's a Kraut!
Jaz paß auf,
Decke drauf,
Mit Stoa beschwer'n!
Na konn's gär'n.

Schauts 'n oo 'an Bandlkramer!

Denk ii an de Kinderzeit,
Kommt zur Eifahrt rei,
A leicht's Kutscherl, mei, dee Freid!
's muaß der Kramer sei.

Auf 'n Buckl schwingt er do
Seine Krax'nwar.
's Annerl packt scho fleißig oo
Sie is kaam sechs Jahr.

In der Stub'n drin preist er na
Auf Tisch, Bänk und Stuih
De Hausiererschätze oo.
Wos ma braucht und wui.

Schauts 'n oo an Bandlkramer!
Wos 's enk denka könnts, ois hab' ma:
Kreizerbandl,
Zopferbandl,
Scheene schwarze
Sammatbandl;
Vater, geh,
Mach' mar an Handl!

Nodln, de zum Nah'n und Flicka.
Schau, de Dirndln taat'n gern sticka!
Perlgarn, Sticktwis und Stramin,
Do schauts hi!
Baumwoillstrang
Zum Strümpferlstricka,
Ganz fei, weiß,
Z'letzt rot d'raufsticka;

Und fürn Winter wollene.
Nodln hätt ii, d' Woll habts eh.
Brauchats aa woih Festonspitz'n
Für de Unterröck und Höserl;

* * *

Oder machts enk Häk'llitz'n;
Des waa wos für dii, schee's Threserl!
Woaßt eh, fürn Schuahplattlertanz!
Do g'wand't jeder se auf Glanz.

Des G'red war 'am Vater z'wider:
„Hob koa Zeit, kemmts amoi wieder!"
„Bauer," moant der Kramer na,
„Schau dir de schee Pfeif'n oo!

An fein' Tabak hätt' i aa
Für dei neue Saubloda.
Mei, und wia der Schmeizler schmeckat!
Döserl gabat's, rund und eckat.

Do, und zu dei'm Schnopftabak
Schnopftüache für'n Hos'nsack.
Und am Sonntog taat'n s' iaz trog'n
An' blüaweiß'n Hematkrog'n.

* * *

'S Knöpfe schenk ii dir dazua.
Litz'n hätt' ii für de Schuah,
Kambe, dee aus Elfenboa.
Hoit, es brauchats aa Wetzstoa!

Do schauts, Drucktuach für de Gwandl,
Schürzlstoff, dazua de Bandl.
Habts doch so vui liabe Madl.
D'Loifei waar'n für Buamawadl.

Fetz'nzeug und Klöpp'lspitz'n;
Do schau, Muatterl, Kitt'llitz'n!
Und a liachtblau's seidas Viuda;
Kannst as glei ooleg'n am Kiuta.

Deine Buam, de brauchan Hos'n,
Schau de kloan oo, aa de groß'n!
Loßts es deacht net g'flickt rumlaffa!
Müassats Tracht'nhos'n kaffa!"

* * *

„Sehgts, und wei de Bauerndamen
Net so oft in d'Stodt nei kaaman,
Hob ii feine Soilbma brocht,
Oa fürn Tog und oa für d'Nocht;

Und a schmeckat's Wosser no.
Bäurin, schau, do spritz de oo!
Brauchats Bürscht'n, feine, grobe?
Büawei, sihgst, a Fotz'nhobe!

Hobts g'nuag Hackerl, Druckknöpf, Zwirn?
Kafts hoilt aa wos für de Dirn!
Ja, wos glaabst, wia d'Weiberleit
Aa amoi a Broscherl g'freit!"

„So vui Zeig könn'ma net braucha!"
Sogt der Vater und geht naus.
„Kaafts a weng wos, aa zum Raucha,
Wos für d'Arwat, wos fürs Haus!"

* * *

Z'letzt der Weber packt ois z'samma
In a grosgrean's Tuach;
Gluferts z'samm; „Pfüa Gott beisamma!"
's war sei letzter B'suach.

Rumpelt naus, der oid Hausierer,
's Annerl tripp'lt noch...
Mir g'foillt's heit no, des vo früahra;
's Leb'n hot g'hobt an and're Sproch.

'S Roßglöckerl hör' ii vo weit'm
Mit dem b'sondern Klang...
Wo sand s' hii, de scheena Zeit'n?
Lang is 's her, so lang!

* * *

Der Pfannerflicker

„Ich sein der Pfannerflicker
Und können oill's z'samm'picka.
Du haben bei dir drinna
Gwiß ebbas wos taat rinna.

Wann Hofa haben Loch,
Des sein koa schlimme Sach.
Ich nehmen Kupferdraht,
Und Hofa werden g'naht.

Dee Pfanna, wo ich löt,
De rinnan nacha net.
Ich haben auch pfeigrod
Mausfoilln aus neien Droht.

Ich sein ein armer Teifel,
Weil ich nix zahlen koon.
Du schenken alten Janker,
Der Himmel geben Lohn.

Du lassen mich heut schlafen
In warmen Stall auf Stroh,
Du geben mir was z'essen,
Wos glaabst, wia ich sein froh!"

's kloa Hüaterdirndl

Hob no 's Rechnen net könna,
Net 's Les'n, net 's Schreib'n,
Aber d' Oa hol'n vo d' Henna
Und d'Schofherd austreib'n.

Glei aufe am Boch
Am Woidwegerl noch,
Der Hund hot uns g'führt,
Daß nix net passiert.

Auf der Wies'n, der sauern,
Unterm Baam a weng kauern
Zur Hoizapfezeit,
Des war grod mei Freid,

Aa Woiderdbeern suach'n
Und d'Eckern vo Buach'n
Noch Oochpfeiferl schaun
Und Hoslnußstaud'n.

So a Dog is aa lang.
Und war's mir grod bang
Hob ii 's Echo im Woid
G'ruafa, daß mir z'ruckhoillt.

Mi'm Schaung und mi'm Loos'n,
Wia d'Schof dahigros'n,
Ziahng d'Hoizbaam auf d' Matt'n
Scho ganz lange Schatt'n.

Jaz is's aber Zeit!
Hoam ham ma schee weit.
Mit am laut'n „Soilz, Soilz!"
Lock ii d'Schof z'ruck durch 's Hoiz.

Tua ii a wengerl ruckwärts traama...

Tua ii a wengerl ruckwärts traama,
Siag ii in Weildorf drunt an Kramer.
Oill's hot er g'hobt, der Onkl Steffe,
Vom Bärndreck bis zum suiwan Leffe.

Boid ii mach auf de knarzad Tür,
Läut' 's Glöckerl, und do steigt zu mir
A Gruch, süaß, sauer, würzig, raß,
Aus Weidling, Faßl, Töpf und Glas,

Aus Kistn, Büchsn, Lagl, Flaschn,
Des oa zum Kocha, des zum Naschn:

Gutlbüchsn, Gutlglasl,
Minznkugln, Perlenflaschl,
In Stranitzn
De Lakritzn.

's Sauerkraut is do im Foß,
Glei danebn schmeckt aa no wos:
Bismarkharing
Und Soizharing.

Do gaab's Brezn, Loawen, Weckerl,
Glufern, Perlgarn, Kreuzstichdeckerl;
Kandiszucker, Zuckerhuat,
Mei, der Bärndreck schmeckat guat!

D' Wasch dat schmecka vom Lavendl,
Jahresringerl gaab's für d' Hendl,
Und dee Goidparmeneräpfe!
Gugerutz fürs Ganserlkröpfe;

Dörrte Weibeerl für an Strudl,
Maggiwürfl, Suppnnudln,
Margarine, Butter, Schmoiz
Und an Sock voi rotes Soiz.

Für de Kloana gibt's Schuiranzn,
Für de Feina Pomeranzn.
De Lemone kaffan mir
Für de Brennsuppn und 's Bier.

Kugln gaab's zum Kuglscheibn,
Fliagnfanger zum Pappnbleibn,
Perlkaffee, Kunsthonigbackl,
Nuss'n für de Niklosackl.

Ganz hint steht
A Fass'l Met.
Kracherl hot er oiwei aa
Und an scharfn Paprika.

Gehstöck gibt's für oide Manner
Und zum Sonntogsbrotn an Ranner
Schrubber siahgst, Sauborstnbürstn,
Bierkrüag, boid's de Leut dat dürstn.

Knofia kriagst für d'Leberknödl
Und zum Schlachtn an Moaran,
Mammapuppn für de Mädl,
Schuitafeln, boid d'Schui fangt oo.

Drent im Sock, do hot er Zwiefe,
Do is Schmier für d'Noglstiefe
Und a Sam' für d'Runklruam,
D'Loifei waarn für Bauernbuam.

Kreuzerbandl gibt's für d'Fetzn,
Dörrte Zwetschgn, dörrte Kletzn,
Saure Guatl für de Hitzn,
Lindnblüatntee zwengs am Schwitzn,

Und an Gips zum Buidlgiaßn,
Puiver für 's Christkindl-Ooschiaßn,
Pfeifn, Piepn, Schnopftabak,
Schneiztüachln für 'n Hosnsack,
Nigrin, Erdal, Vim, Persil,
Putzzeug hot er oiwei viel,
Bürstn für de Wäsch' zum Waschn,
Duzln, Diddi, Miliflaschn,
Und a Dutzad Hoizpantoffeln,
Für de Stodtara gaab's Kartoffeln,
Gegn 's Schlechtsei an Baldrian;
Schnaps für den, der derf und kann.

Zum Ookendn gibt's Schneefeuer.
D'Silbertaler waarn woi teuer!
Do san Berchtesgodner Jackerl,
Für de Buama Trachtnfrackerl,
Nodln fürn Stramin zum Sticka,
Festerne zum Hosnflicka.

Schnopftabak, Lebkuachnherzn,
Kerznstöck und Liachtmeßkerzn,
Fürs Petroleum kloane Kanndl,
Seidnschleifn, Zopfabandl.

Oills kaannst hom bei unser'm Kramer,
Nägl, Beißzang, Bohrer, Hammer,
Ganz a guate Soilm geg'n d'Gicht,
A Pomad fürs feine G'sicht.
Und zum Abfuilln hot er Trichter,
Und zum Wiagn, do nimmt er Gwichter.

Er strahlt mit seine blauen Augn
Mi oo voi Herzlichkeit.
Auf oamoi koon i nimmer schaung...
Weg is de Kinderzeit!

Heit hoaßt's Drischldreschn!

Heit hoaßt's Drischldresch'n,
Bum, bum, bum, bum, bum,
Mit Schweng'ln aus Esch'n,
Bum, bum, bum, bum, bum.

De Fleg'l laut klesch'n,
Bum, bum, bum, bum, bum
Beim Howanausplösch'n
Bum, bum, bum, bum, bum.

De Drisch'ln, de klappern,
Bum, bum, bum, bum, bum.
De Plenkl, de knattern,
Bum, bum, bum, bum, bum.

In de Garbe, de letzt,
Bum, bum, bum, bum, bum,
Werd d'Hobergoaß g'hetzt,
Bum, bum, bum, bum, bum.

Vorbei is de Frist,
Bum, bum, bum, bum, bum.
Jatz hot se s'derwischt!
Zwengs „bumm, bumm"
In oam Trumm.

Heit kimmt der Dampf!

Heit kimmt der Dampf!
Heit kimmt der Dampf!
Sechsspannig rollt er her
Drent bei der Wiederkehr,
Der schwarz' Koloß.
Wia s' schnaufan, d' Roß!

Und de Mordsdreschmaschin'
Steht im Tenn drin.
Do freut se kloa und groß.
Morg'n früah geht's los.

Finster is 's no,
Do pfeift er scho,
Der Maschinist.
„Supp'nzeit" is's.

D'Leit kon i hör'n:
„Kents oo d' Latern!"
Eine in d'Stub'n!
Na geht's rundum.

In aller Fruah
Leffeln s'grod gnua.
Pfanna voi Schmarrn
Wer'n scho aufg'fahr'n

Nacha geht's auf,
Zum Heubod'n nauf.
's Dresch'n lafft oo.
Jeder is do.

Ebban a zwanzig Leit
Helfan do heit.
D'Schaab fliag'n vom Stock
Nauf auf d'Maschin.

Troad rinnt in'n Sock,
Oill's langt heit hin.
Zwoa schultern Staab,
Sechs bind'n d'Schaab.

Deselb'n wo Troad trong
Deafan se plong.
Und wia's do surrt und kracht,
's Kinderherz lacht.

Zwölfe hörst pfeif'n:
Her a Trumm Seif'n,
Eine in d'Stub'n
Do geht's rundum.

Sitz'n wia d'Haringfisch
Eng um zwoa Tisch
Ess'n so lang wia 's geht
Knödl um d'Wett.

„Bäurin, mach auf de Tür!"
Schrei'n s', „mir verhungern schier!
Geh, fahr wos her,
D'Schüss'ln san leer!"

Boid ma nix bringa kannt,
Waa des a große Schand;
Drum werd aufs Dresch'n kocht
Bis tiaf in d'Nocht.

Wann der Dampf wieder pfeift,
Jeder in d'Arwat greift.
Lärm is oiswia Musik,
Denk i so z'rück.

Bis zu der„Unternzeit"
Is net gor z'weit.
Schwarzg'räuchert's und a Bier
Schmeckt iaz net schia.

Und wieder surrt d'Maschin
Laut bis zur Kuche drin.
Do bach'ma Küachl frisch,
Voi san de Tisch.

Wann aa d'Leut ham vui z'toa,
Geht's mit Humor.
Is d'Arwat Müah und Plog,
Hörst nia a Klog.

Feierob'nd pfeift's, do gibt's boid
Z'Ess'n schee warm und koit.
Drischleg is bis in d'Nocht.
Do werd erst g'locht!

„Tick, tack, tack, Noglschmied"

„Tick, tack, tack, Noglschmied,
Klopf net so schnell!
Stehst an der Ess'n,
Und 's is no net hell.

I hör dein' Hammerschlog
Bis auf d' Nocht jed'n Tog.
Wannst noglst gor so schnell,
Dörrst aus dei Kehl."

„Glaabst ma 's, wann ii da 's sog,
Wiar ii mi plog
Boild ii am Stuih do sitz,
Und wiar ii schwitz!

Schmied, geht 's an ganz 'n Tag,
Tick, tack, tack, tack.
Schmied, i brauch Noglschuah,
Nogl doch zua!

Für so a Schuahnagerl
Brauchst a dreiß'g Schmiedschlagerl.
An etla tausend schlog
Ii jed'n Tog.

D' Leit loss'n mir koa Ruah!
‚Schmied', hoaßt 's grod, nogl zua,
Mir müass'n Nägl hob'n,
's Haus foillt sonst z'samm'.'

Build da grod 's sel' net ein,
Daß 's am Schmied 's Geld dat schnein!
Jo, wiar ii sog,
's is hoilt a Plog!"

A leinenes Tuach

Wann i broat auf 'n Tisch
A leinenes Tuach,
Kommt de Kinderzeit z'ruck
Grod wiar aus am Buach:

Der Vater spannt ei,
's is April oder Mai,
Fahrt aufe aufs Feld.
Scho im Herbst hot er's b'stellt.
De Egg'n macht's glatt
Jatz für de neu Saat.

An etla Tog d'rauf
Geht's wieder do nauf
Zum Acker am Kreiz.
's is Mittog bereits.
Scho seit aller Fruah
Ham Dirndln und Bua
Do Stoana obklaubt.
Hot des vui Zeit g'raubt!

Drauf bind't se der Vater
Sei Saatuach nach vorn.
Des Garn für des Leiwad
Is selber g'macht wor'n.

An Leinsam do nei!
Is der aber fei!
Wia der Vater do steht,
Falt't er d'Händ' zum Gebet:
„Herrgott, gib dein' Seg'n,
Sonst bring' ma nix z'weg'n!"

Mit Würde im Schritt,
Ii trippel do mit,
Saat der Vater des Feld.
Auf d'Nocht is's bestellt.

Der Sommer
Is komma.
Do laaf ii am Boch
Am Schmetterling noch.

Ja, do schau!
Himmeblau
Is des Flachsfeld do wor'n!
Und daneb'n zeitigt 's Korn.

A poor Wocha drauf
Laaf ii wieder do nauf,
Blaue Bleamal zum Brocka.
Der Feldweg is trocka.

O mei,
Ko des sei!
De Bleamal san fort!
Aber dort,
Wo s' san g'ween,
Sitz'n Kügerl so schön!
Und drin, do lieg'n Sam',
Grod wia ma s' g'saat ham.

Boid ii mi umkehr,
Do rattert daher
Der oid Bruck'nwog'n,
Und ii hör d'Leut sog'n:

„An Flachs müaß'ma fanga
Und hiefeln auf d'Stanga."
Ii ko net versteh',
Wia des soll zuageh?
Der Flachs steht stocksteif!
's „Fanga" ii net begreif!
Oisamt langen zua.
Und oana, a Bua,
Schmeißt d'Hiefeln vom Wog'n.
An Vater hörst sog'n:

„Es müaßts beim Ei'fanga
Mit zwoa Händ' zualanga!
Und ziahgts fei schnell oo,
Daß koa Dreck net bleibt droo!"

Do stehn s' in der Reih
Und fangen Flachs ei,
Und bind'n an auf d'Hiefeln;
Grea koon ma'n net riffeln.

Is 's Hiefeln vorbei,
Steht Reih do an Reih,
Steht Mandl
An Mandl.
Grod schee ham se 's g'macht!
Und d'Sommersonn' lacht.

Is a Monat vorbei,
Na fahr'ma oill's ei,
An Flachs samt de Hiefeln,
Zum Riffeln.

Ja host des scho g'sehn?
So broat wia de Tenn
Hängen Kambe aus Eis'n!
Des buschweis' Durchreiß'n
Durch dee Trümmer Griffeln,
Des hoaßt ma hoit Riffeln.

De Kaps'ln mi'm Sam',
De kehr'n s' a weng z'samm.

Mit Drischeln aus Esch'n
Hörst d'Leut spater dresch'n:
„Klipp, klapp" geht's, „klipp,klapp".
Der Leinsam foillt ab.

Und spater a wengl,
Do fahr'n s'na de Steng'l
Auf d'Wies'n naus
Und broat'n s' fei aus.

De Herbstsonn' soll s' rötz'n,
Der Tau wieder netz'n.
D' Leinfaser bleibt zart.
De Rind'n, de hart,
Und der holzige Kern,
De soll'n brüchig werd'n.

Boid 's Laab se tuat farb'n,
Fahr'n s' an Flachs na in Garben
Zum Brecheln aufs Bod.
Jatz gangat des grod.

Ii sitz drob'n am Flachs.
Der is no ganz wax.
Nauf geht's do zum Woid.
Is 's Brechebod oid!

De Bündl vom Flachs,
De wo san so wax,
Schiab'n s' in ara Kammer.
Ganz eng steh'n s' beisamma.

In dem niedern Raum
Kon ii sitz'n kaum.
Im Ofen glei drunter
Brennt's boid drauf ganz munter.

Grod wia se's hoit g'hört,
Werd'n d'Steng'l do dörrt.
Der Vater überwacht's,
Aa nachts.

Ganz früah geht's na los.
Kloa stapft nauf wia groß.
Durch d'Wies'n, de feucht'n
D'Laternen hell leuchten.

Aus der Brechebodtür
Scheint's brinnrot in d'Früah.
Is's do hoamelig!
Boid brecheln s' mit G'schick.

Nix hörst net wia garz'n
Und klappern und knarz'n!
Lang hoilt's uns do kaam.
Mir krax'ln auf Baam,
Steig'n d' Oachkatzl noch,
Setz'n uns nauf aufs Doch,
Knabbern Buacheckernkern,
Bis 's Gebet läut't von fern.
Wia 's Brecheln hört auf,
Geht's an Loaterwog'n nauf.
An Flachs fahr'ma hoam.
Und d'Stub'n is schee woam.

Der Flachs kriagt koa Ruah.
Amoi in der Fruah
Werd d' Schwing na herg'richt,
A ganz a scheens G'wicht.

Und oana glei draht
Des riesngroß' Rad.
Ja, und boidst
Eine hoitst
An brechelt'n Flachs,
No oiwei schee wax,
Schee langsam na foillt's
Zletzt owe des Hoilz.

Und boid nacha drauf
Geht's no amoi auf.
Noch'm Schwinga und Brecheln
Kommt iatz dro des Hecheln
Durch Kambe, schee rund.
Noch acht a nei Stund'
Ham mia endlich an Flachs!
Der is nimmer wax,

Naa, fei wiar a Lambe,
Und z'ruck bleibt im Kambe
Des Werg, hoit des gröber.
Aa des kriagt der Weber.
Aber g'wiß no net glei.
Z'erst muaß's g'sponna sei.

Do sitz'n de Madl,
Und surr'n de Radl.
Im Spinnstüberl drin.
D'Hoagarter ziahgt's hin.

De Riulzöpf wann s' spinnen,
Toan s' 's feine Garn g'winnen.
Boild s' 's gröbere zupf'n,
Is 's des für den Rupf'n.

Sie spinnen recht fei.
Es kannt ja woi sei,
Daß des werd des sei'
Für d' Aussteuer nei.

Bis oill's is versponna,
Hot 's Fruahjohr begonna.
Der Vater bricht auf,
Zum Teis'nberg nauf.

Er möcht heit des Garn
Zum Weber drob'n fahr'n.
Der wirkt aus dem feinen
Des harwane Leinen.

Des rupfer, des gröber,
Mocht aa der oid Weber.
„Aber bei so vui Sträng",
Sogt er, „dauert's a weng."

Boid der Kuckuck na schreit,
Werd's zum Tuachhol'n grod Zeit.
Auf'n Ras'n, den woach'n,
Broat ma's Leiwad zum Bloach'n.

Do liegt's draußt am Anger,
Zwanz'g Meter de langa.
Daß 's schneeweiß is z'letzt,
Werd's grod gnädig g'netzt.

Auf d'Nacht kommt's ins Haus,
Ganz früah wieder naus.
A drei Wocha leicht
G'hört 's Tuach aso bleicht.

Und is's na so weit,
Und de Dirndln ham Zeit,
Leg'n s' 's Tuach auf 'n Tisch,
Vom Bloacha schmeckt's frisch.

Se ziahg'n do
Und ziahg'n,
Und reib'n do
Und reib'n,
Und roll'n do
Und roll'n
Tuach um Tuach
Z'letzt zu Ball'n,
Und leg'n Verserl no nei,
Akrat wia Oiwei.

Neig'reiht oill's in d'Schränk!
Und boid ii so denk
An de Arwat und Müah,
Und drüber sinnier,
Na g'hört's amoi g'sogt:
Hot der Bauer se plogt!
De Müah und den Schweiß
Dazoihlat koa Preis.
Ii sog mit dem Buach
„Gelt's Gott, enk fürs Tuach!"

Wißts'n no, an Körbezäuner?

Wißt's 'n no, an Körbezäuner?
„Häusl" ham s' 'n g'nennt, a kleiner.
Nah beim Dorf, do z' Oachham draußt,
Hot er g'werklt, hot er g'haust.

Körb aus Weid'n, g'schält und roh,
San do g'hängt am Stadl dro.
Verhausiert ham se s' zu dritt:
Er, der Pepp und de Brigitt.

Körb, desel 'n vo rohen Gert'n,
Ham mir g'habt dahoam zum Ernt'n
Von de Kersch'n, Äpfe, Birn,
Und aa für des Zwetschg'ndürrn.

Hot 's Kartoffelfeuer g'raucht,
Wos ham mir do Körbe braucht!
Aber für des Feinerne
War'n de g'schält'n Weid'n schee.

Do gab's Körberl mit zwoa Deckerl,
Des warn früahrer hoit de Zeckerl,
Für de g'farbt'n Ostereier
Und fürs Osterlamberl-Weiha.

Körb zum Wasch'n und zum Flicka,
Körb fürn Flachs, fürs Schafwoll stricka;
Wann s' ham's rohe Leinen bleicht,
Hot der größte Korb net g'reicht.

Und des Pranga war a Freud,
Wann mir ham Margriten g'streut,
Mit de blau'n Vergißmeinnicht
In a Körberl eineg'richt.

G'flocht'n hot er Jahr um Jahr,
Aber oamoi war's na gor.
Körbezäuner, für dein Fleiß
Host verdeant dir Dank und Preis.

Win-
ter

D'Frau Berecht

Los ii weit z'ruck; na hör ii de oide Weinstaud'n
Ans Beike oder ans Fenster hi'haun.
„Is's Frau Berecht, de bös?"
Moant ängstlich de Thres.

Drauf flüstert s': „Paßts auf!
Sonst packt enk Frau Berecht;
De schlitzt enk an Bauch auf
Und stopft nei a Wereg!

I selber hab s' nia g'sehng,
's werd sei wegn am Haussegn.
I woaß's aber g'wiß,
Daß' s' diam kemma is.

Beim Mozn z'Stoabrünning,
Beim Fuichtner drunt z'Stettn,
Is z' Heilign-drei-Köning
D'Frau Berecht, sog'n s', gween.

Mit wuid z'zauste Hoor,
Ganz z'riss'n des Gwand
Wiar a Hexn, gwiß wohr,
So rennt s' umanand.

Hörst wem in der Rauhnocht
Ans Fenster ooklopfa,
Do, Bäurin, gib jo Acht!
D' Frau Berecht hoit Kropfa!

Scho rumpelt s' in d'Stubn,
Voran d'Nosn, ganz krumm,
Packt d' Schüssl voi Kropfa,
Glei drauf hörst s' nausstapfa.

Wos s' sonst diam hot do,
Des brauchts iaz net z'hörn,
Sonst fangan de Kloan oo
Zum Schrein und zum Rern.

Diam is s' aa net bös,"
Verzählt de oid Thres.
„Mit am himmeblaun Gwand
Fliagt s' na umanand.

Goldblond leuchtn d' Hoor.
D' Leut sogn, des waa wohr,
Daß s' schmeißt, des is seltn,
Nuß, Birn und Lebzeltn,

Aa Zweschbn und Äpfe,
Pfeigrod vor de Tür hi,
Wann d'Kinder san brav
Und gehn schee zum Schlaf.

Sonst is s' so vui bös,"
Sogt ganz staad de Thres.
„Ja wann s' hoit verbrennat!
Um dee waa 's net schod."

Der Schuaster is do.

Trüab nieselt heit 's Wetter.
De Stub'n schmeckt nach Leder;
Der Schuaster is do.
Fangt der scho früah oo!

Do sitzt er bei d' Schafferl,
Beim Leder, der Schmier,
Bei Lack- und Wachshaferl,
Flickschuah bis zur Tür.

Er werk'lt am Hocker,
'an Dreifuaß am Knia.
Is der Gaumen gor z'trocka,
Na leid'ts an Schluck Bier.

Und er schneid't, und er klopft,
Und er hammert und naht,
Daß der Schweiß auf d'Schuah tropft
Vo der Früah bis ganz spat.

Und er raspelt und kracht,
Und er glättet und stanzt,
Bis im Lamperl auf d'Nacht
A Mott'n rumtanzt.

Und er feilt und er zwickt.
Zwoa Tog lang er flickt
De Schuacherl und Schuah.
Zerriss'n san g'nua.

Is z'samm'pelzt de War,
Werd'n etliche Paar
Z'samm'gschuastert ganz nei.
Wem s' pass'n solln s' sei.

Vom Rind kriag'n ma 's Leder,
Der Schuaster hot d'Leist'n.
Do arbat er 's drauf.
A weng pass'n de meist'n.

Aber hoit grod a weng,
Weil s' oiwei san z'eng
Und hart wiar a Brett.
Des is hoit a G'frett!

Wann ma 's Schuahwerk na hab'n,
Packt er 's Rucksackerl z'samm;
Der Dreifuaß bleibt steh.
"Pfüah Gott, i muaß geh!"

Drah de rum, Töpferscheib'n!

Drah de rum, Töpferscheib'n,
Drah de um d'Reib'n!
Du derfst bis spaat in d'Nocht
Nia net steh'bleib'n.
Weitling für d'Mille brauchst,
Häfa fürs Schmoiz,
Haferl fürs Muas möcht
A Muatterl, a oilt's.
Schüss'ln zur Supp'n
Und Schüss'ln fürn Toag,
Töpf zu de Bleamen
Und Haferl für d'Woak.
Ii mach' aus Loahm
So vui Zeug des mia g'foillt,
Mii freit mei Arwat,
Aa wann s' is uroit.
Drah de rum, Töpferscheib'n,
Drah de um d'Reib'n!
Du derfst bis spaat in d'Nocht
Nia net steh'bleib'n.

Eisstockschiaß'n z'Höglwörth

Dobei uns in Höglwörth
Woaß a jeder, wos se g'hört:
Du muaßt 's Eisstockschiaß'n könna,
Wannst bist vo de g'standnen Männer.

Heit is 's staad!
Koa Winderl waht.
Spiaglglatt is unser Bah!
„Lois, fang aa!"

„Loß de Daubn!
Net aufklaubn!
Sepp, oodaucha!
Schmoiz kannt'st braucha!

Jo, des haut!
Auweh, z' laut!
Jaz an enga,
Na, geh, länger!

„Weiter doa!"
Schreit der Moa.
„Bist a Schneider,
Ja, geh weiter!"

„No a weng!"
Moant der „eng"
„G'feiht!"
Schreit der „weit".

„Mir san moa!"
Lacht der oa.
„Einetappt,
Eh'nter g'habt!"

„Do feiht's weit!
Hiasl, g'scheit!
Schauts'n oo!
Ham ma'n scho."

Auf dee Weis'
Hörst's am Eis.
Stimmen schall'n,
Eisstöck knall'n.

„Naus!
I putz aus.
Oodoo!"
„Schauts'n oo!"

„Pfeigrod!
Schod,
Daß er s' hot,
Der Krowot!"

Wia se d'Schütz'n
D' Finger reib'n,
Schmunz'lt d'Sonn',
De rote Scheib'n.

Findst doch oill's, vom Pfluag zum Hammer

Lang is 's her, daß mir warn Kinder!
Wann ii diam schau wieder z'ruck,
Taucht do auf der Florian Winter,
Vo der Kindheit aa a Stuck.

Zwar schmeckt's do net wia beim Kramer;
Eis'n hot koan b'sondern G'ruch,
Find'st doch oill's, vom Pfluag zum Hammer
Und aa G'schirrzeug für de Kuch'.

Vorn glei siehgst de Milebitsch'n
Mit de Deck'l, daß s' net spritz'n,
Und zum Mileowerteib'n
's Zentrifugzeug steht um d' Reib'n;

Melkkübe und Milehofa,
Blechflasch'n fürs Bett zum Schlafa,
Giaßkanna zum Leinwandbloacha,
Keßl, de zum Wascheiwoacha;

Scharfe Messer zum Ruab'nhappeln,
Mausfall'n, de zum Einegrabbeln,
Und fürn Sock de Schnapperlmesser,
De zum Schnoat'n warn vui größer;

Stopslziahger, Stiefeziahger,
Tabakschneider, Zwiefewiager;
Bohrer, Hammer, Sag'l, Feil,
Und zum Holzkliab'n Eis'nkeil'.

Lange Wiag'nsäg'n, Hock'n, Hacke,
Beißzanga und Näglbacke,
Strieg'ln, de zum Koimaputz'n,
Und de Schaar'n fürs Küahschwoafstutz'n;

Sechter, Sicheln, Saas'n, Recha,
Eiserne, de wo net brechan,
Bes'n zum Kaminausputz'n,
Kett'n für de Kirtogschutz'n;

Kutsch'nlamp'n, Kutsch'nstecka,
Glock'n, de zum Leutaufwecka
Und deselb'n für Küah und Koilm,
Wann ma s' trieb'n hot auf de Oim.

Na hot er g'habt Messingpfanndl,
Kupferpfanndl, Zinkbodwanndl,
Muaster für an Supp'nschmarrn,
Grosgobeln zum Groseifahr'n,

Kupferkess'l, Kupferwanna;
Eisern warn de Dampfnudlpfanna,
Bügleis'n, Waag'n mit G'wichter,
Blechernwar'n de Miletrichter.

Na hot's geb'n no de Wetzstoa
Zu de Kumpf aus Hoiz und Boa.
Gitter ham'ma braucht zum Dörr'n
Vo de Zwetschg'n und de Birn.

G'habt hot er no Kaiwekett'n;
Blostrompet'n,
Stoaguatkrüag zum Neunertrog'n,
Und hoilt aa zum Unternsog'n;

Kerz'nlöscher an ra Stanga,
Daß ma weit koon aufeglanga.
Zum Rasiern hot er g'habt Spiagl
Und zum Bet'n Weihbrunnkrüagl.

Heit no steht dro „Florian Winter"
An der Lad'ntür.
Er hot g'habt a Stub'n voi Kinder,
Grod so vui wia mir.

Rockaroas, Rockaroas!

Rockaroas, Rockaroas!
Lustig werd's heit.
Koan gaab's, der des net woaß,
's ganz' Dorf se g'freit.

Bacherlwarm sitz'n s' scho
Drinn' in der Stub'n,
Und glei geht 's Spinna oo,
Summ, Radl, summ!

So sauberne Madl
Siahgst selt'n beinand!
G'schwind drah'n se de Radl,
Des geht vo der Hand.

Nix werd g'sogt,
Koane frogt;
Oill's is so staad,
Draußt der Wind waht.

Aufra moi
Singan s' oill
Liadl im Chor,
's waa wos fürs Ohr!

Nach 'ra Stund
Gsinglgsang
Werd's eahna z' bunt.
Auf geht der Mund:

„Wißts es scho...?
Is wos dro?
Hörts, wos g'redt werd!
Ji hob wos g'hört!"

Surr, Radl,
Ratschkatl,
Ratschkatl, ratsch!
Jaz gibt's an Dratsch.

De Bäurin bringt 's Ess'n:
„Do, Dirndln, langts zua!
A Supp'n, wia's Brauch is,
Und Zweschb'n dazua."

Auf amoi
Kichern oill:
„Hörts es, wer kummt?"
Oill's G'red verstummt.

D'Hoagarter druckan rein.
Wer daat se do net frein?
„Ja grüaß enk Gott, beinand,
Ruckts ausanand!

D'Spinnradl in d' Kuche num!
Tanzt werd do in der Stub'n.
Mir schmiern an Bod'n na glei
Mit Kernsoaf ei."

Jaz rutschst mit d'Noglschuah
Grod aso zua.
Drah de, Dirn, Drah de, Dirn!
Heit sollst net friern.

Wia se se lustig biang,
Und de Flachszöpf grod fliang,
D 'Musi spuit aa dazua,
Doo lacht der Bua.

Z' kloa werd de große Stub'n.
Des geht im Kreis rundum,
Bis daß se oills na draht...
„Leit, es werd spaat!"

„Rockaroas, Rockaroas,
Lustig war's heit!
Hoam vo der Rockaroas
Ham ma net weit."

M Hoy
1942.

Des wuide G'jaid

Bei uns drunt im Rupertigau,
Neamad net woaß's no ganz genau,
Hot's jed's Johr um de Zwölfenzeit
Ganz schiach umg'haust, des wuide G'jaid.

Wia do der Sturm hot g'heult und tost,
Hab'n d'Leut voi Graus'n außeg'lost:
„Sand's ebban gor heit z'letzt de Wuid'n?"
O je, se dat'n se's net eibuid'n!

Schau hi, brinnrout scho glüaht der Himme!
Glei ganz vorn roast der schiache Schimme!
Ja, wia der Teife vo der Höll'
Jog'n s' do dahi de arma Seeln.

Vui Tote fliag'n in weiße Fetz'n,
Und wuide Jagdhund bell'n und hetz'n.
Ganz gräuslich plärr'n glei ollesamt.
Do schau, der Jager, der verdammt'!

Losts! D'Hobergoaß, de heult im Sturm
Grod wiar a Wuide um an Turm.
Ui, schauts, de Bercht packt glatt a Dirn!
Pfeigrod wui se s' zum Chiemsee führ'n!

Wann se s' na gor in 'n See neischmeißat?
Hörst, wia's heit tobt, des G'jaid, des reißad!
Gott helf, mir zittern scho de Knia!
I schmeiß me glei an'n Bod'n hi.

Gott steh mir bei, koan Aufschub leid't 's,
De Arm und Füaß glei übers Kreuz!
Mir gangst, do stinkt's oiswia de Hell!
O Herr, derbarm de meiner Seel!

Gott Lob und Dank, iaz waar's vorbei!
Do reiten s' geg'n 'an Staffa nei!

Wißt's no an Schedlinger, an Ritter,
Wia der is g'straft wor'n narrisch bitter:
Amoi schaut er zum Fenster naus,
Do hört er ganz a wuid's Gebraus'.
Er schreit und beugt se recht weit vor:
"De Hatz soll do sei vor mei'm Tor!
I glaab net an des wuide G'jaid!
He, wanns es echte G'spenster seids,
Na fahrts ma her a handfest's Zoacha!
Hans Schedlinger könnts net derwoacha!"

Blitzschnell wachst eahm, Herr steh eahm bei!
A so a Mordsdrum Hirschgeweih!
Der Hans is g'stand'n Tog und Nocht
Und hot sein' Kopf net z'ruck mehr brocht.

In Marmor siahgst'n heit so steh;
Brauchst grod amoi in d'Kirch' neigeh,
Do z'Teisendorf, wo 's G'jaid hot g'haust
Und um de Berg is umebraust.

Doch spaater packt'n na de Reu.
Schee staad is z'samm'g'schrumpft drauf des G'weih,
Wei er hot z'letzt bet: „Huif ma, Gott!"
Und aa ans G'jaid g'laabt in der Not.

Unheimlich war der Ritter mir
Ois Kind drent neb'n der Kirch'ntür.
Waar ebban des vom G'jaid a G'red?
Wia g'sogt, wos G'wiß, des woaß ma net.

Radl, spinn!

Radl, spinn,
Radl, spinn!
's Hoiz, des kracht
Im Ofa drin.
Und wia's g'müatlich
Surrt herin!

Und do tret'n,
Tret'n, tret'n
A poor Dirndl
Grod um d'Wett'n.

Und se drah'n
Und drah'n und drah'n
An Flachs zu Fad'n.
Hörst an Schneewind wah'n?

Wia ra kracht,
Wia'ra kracht
Der Brotapfe,
's Nannei lacht.
Boid werd's Nacht.

Radl, spinn,
Radl, spinn!
Für a so a Spinnerin
Braucht's koa Liacht
Im Stüberl drin.

Gust. Igler München 87.

Eigschneit!

Eigschneit!
Koa Laut weit und breit.
Schneewahn bis zum Hoils.
Vo der Dochrinn hängt 's Eis.

Eigschneit!
Hund, Katz'n und Leit,
De bleib'n iaz im Haus,
Wos tat ma denn draußt?

Eigschneit!
Grod hoamlig is's heit!
In der Stub'n do herinna
Hörstas stricka und spinna.

Eigschneit!
Mir ham unser Freid,
Wann der Höllhofa singt,
Und der Brotapfe springt.

Eigschneit!
Boid is's na so weit
De Zeit, de ganz staade,
Daß s' singan: „Rorate!"

's Kripperl

Draußt waht der Schneewind,
A hoamlige Zeit,
Drin schmeckt's scho weihnachtlich;
Boid is 's so weit.

Heit bau ma 's Kripperl
Vo Steckerl und Rindn,
A Moos auf jeds Fleckerl
Und Hoizbaamerl hintn.

An Ziahbrunn' aus Stoana,
An Weiher, an kloana,
In'n Stoi nei a Stroh,
A Loater loahnt dro.

De kloana Figurn
San oiwei dahoam
Aus nix anders net
Oiswia Wachs oder Loahm.
Und d'Hirtn knian nieder,
De Stecka schee krumm,
Lamberl und Schof
Hupfan rund umadum.
Am Woillfodn schwebn Engerl,
Oa sitzn am Doch;
Des heilige Paar
Kimmt in'n Stoi nei hintnoch.
Am liaban san mir hoit,
I liag net, i sog's,
Oiwei der Schofhund,
Der Esl und Ochs.
Ins Hoizkripperl stopf' ma
A kloans Büscherl Hei.
Am Heilign Abnd
Legn ma 's Fatschnkind nei.

1304
A. Schuler, chm.

Inhalt

Von Herzen danken möchte ich für die Überlassung von Bildmaterial beziehungsweise die Einräumung von Abdruckrechten:

Dem Antiquariat Heinemann, Starnberg,
der Kunstmalerin Ilse Bittermann, Garching,
der Familie Studiendirektor Alfons Frei, Starnberg,
der Familie Landwirt Alfons Klim, Hanfeld,
der Familie Martin und Johanna Mayr, Söcking,
der Familie Regierungsdirektor Albert Müller, Starnberg,
der Familie Landwirt Michael Scheitz, Erling-Andechs,

der Bayerischen Staatsbibliothek, München,
Herrn Hans Peter Defregger, München,
dem Wiechmann-Kunstverlag, Starnberg.

B i l d a n g a b e n :

Seite	2:	F. Defregger	"Der Zitherspieler"
	8:	Kotschenreiter	"Der Aufschneider"
	11:	Rau	"Feiertagsruhe"
	26:	I. Bittermann	"Lenz"
	30:	F. Sperl	"Blüthenzeit"
	32:	F. Defregger	"Loni"
	39:	W. Volz	"Die Erde"
	47:	B. Vautier	"Hungrige Gesellschaft"
	55:	F. Defregger	"Tischgebet"
	56:	O. Piltz	"Einzug zur Fahnenweihe"
	59:	Bechstein	"Der Kegeltag in Pinzenau"
	60:	I. Bittermann	"Sommer"
	62:	Delobbe	"Ruhestündchen"
	68:	Anker	"Mädchen mit Erdbeeren"
	74:	H. Koch	"Blumenorakel"
	78:	C. von Bergen	"Ein kritischer Augenblick"
	82:	Grube	"Heuernte"
	89:	R. Beyschlag	"Die Landkokette"
	99:	H. Salentin	"Der Storch"
	101:	A. Lüben	"Nach der Taufe"
	107:	A. Skaga	"Ringelreihen"
	108:	R. Hohenberg	"Seifenblasen"
	109:	R. Brendamour	"Nanu, Bazaine ..."
	110:	E. Keyser	"Jugendlust"
	111:	Kriegsmann	"Vogelbegräbnis"
	118:	A. Weczerzick	"Bauernland"
	120:	E. Kips	"Mäher"
	121:	O. Piltz	"Am Feierabend"
	122:	I. Bittermann	"Herbst"
	124:	A. Brendel	"Die Hirtin"
	131:	E. von Müller	"Künstlertriebe"

Seite 136:	Schramm-Zittau	"Hopfenernte"
138:	R. Hirth du Frêsnes	"Hopfenlese"
166:	O. Piltz	"Sepp"
168:	A. Kappis	"Dreschmaschine auf einem Bauernhof"
173:	R. Quittry	"Frisch vom Faß"
174:	E. Rau	"Lustige Leut'"
178:	H. Fechner jun.	"Urgroßmutters Herzlichkeiten"
184:	L. Hartmann	"Vor der Dorfschmiede"
194:	L. Blume-Siebert	"In der Spinnstube"
201:	R. Beyschlag	"Waldhüters Töchterlein"
202:	L. Blume-Siebert	"Der Korbflechter"
205:	J. Igler	"Geduldsprobe"
206:	I. Bittermann	"Winter"
207:	B. Vautier	"Hinterlist"
214:	W. Kaulbach	"Hausmütterchen"
222:	A. Eckardt	"Ein lustiges Stück"
227:	Hayse	"Selbst ist der Mann"
231:	A. Müller-Grantzow	"Liebeswerben"
233:	F. Defregger	"Tanz auf der Alm"
240:	F. Graeßel	"Spinnen und Minnen"
242:	J. Igler	"Puppentoilette"
244:	B. Vautier	"Belauschte Werbung" Ausschnitt
245:	A. Ritzberger	"Aus dem Märchenbuche"
248:	Unger	"Das abziehende Jahr"

E r l ä u t e r u n g e n :

A Aschnzeltn: Roggenbrotfladen

B belz'n: pelzen, veredeln von Obstbäumen
Bercht: Frau Bercht, Berecht, Bereg, Hexengestalt, ein Geist, der von Küchln lebte und in der Brechlstube hauste.
Biast: erste Milch nach dem Kalben
bloach'n: bleichen
boid: falls, wenn
Brechelbad: Badstube, meist außerhalb des Dorfes gelegen, in der der Flachs vor dem Brechln geröstet und dann gebrochen wurde.
brecheln: mit einfacher Handbrechelmaschine den Flachs von holzigen Teilen trennen.
bucklkraxn: auf dem Rücken
Butzlwar: kleine Kinder

D Daufeln: Dauben, Wandbretter der Holzfässer und - kübel
diam: manchmal
z'doan: zu tun
Dreschflegel: einfaches Holzgerät zum Dreschen, bestehend aus Stiel, Klöppel und Gelenk
Drischel: Dreschflegel
Drischel-Dreschen: Handdreschen mit Dreschflegel, noch bis zu den 3oer Jahren neben dem Dampfdreschen gebräuchlich
Docking: Dockin = Puppe, Berchtesgadener Dockinnen wurden meist als Fatschenkinder hergestellt. Berchtesgadener Spielzeug ist seit Jahrhunderten beliebt: bemalte Puppen, Hoheitskutschen, Ringelspiele, Spanschachtln, Stroharbeiten, Horndosen und Bestecke

E ehnter: eher, früher
Ehhoilt'n: Ehehalten = Dienstboten
Dienstbotenverordnung: "Du heißt Ehhalt, daß Du den Leuten, die in der Ehe sind, und denen Du dienst, ihre Ehre und ihr Gut getreulich hüten und erhalten sollst, solange Du bei ihnen im Verspruch bist."

F Fatschnkind: gewickelte Puppe
fatschen: wickeln
Flohgadei: ganz kleine Berchtesgadener Spanschachtel
Gadel = Spanschachtel
Fetz'n: Schurz, blauer oder grüner Arbeitsschurz für Männer
fosten: fasten, z.B.: Fuderfasten = beim Ernten auf dem Wagen Heu oder Getreide schichten.

G	Gadel:	Spanschachtel mit farblosen oder rotgründigen Seitenteilen und bemaltem Deckel, typischer Berchtesgadener Geschenkartikel.
	Gai:	Gau
	Gjaid:	das Wuide Gjaid = die wilde Jagd in den Zwölfennächten um Weihnachten jagten die Himmlischen im Sturm die Naturgeister durch die Nacht, geführt von Wotan, reitend auf einem Schimmel. Ihm folgten die Toten, die Unholde, die Nachtalben und der wilde Jäger.
	glufern:	mit Sicherheitsnadel heften
	Gotn:	Gohn = Patin
	graab:	grau
	Grandl:	rechteckiger Wasserbehälter neben dem Herd
	Gsod:	Häksel, geschnittenes Heu und Stroh als Futter
	Gugerutz:	Mais
H	harwa:	aus feinem Leinen
	heign:	heuen
	Hiefel:	Stange mit kurzen, quirlartigen Armen, um Gras, Klee und Flachs daran zu trocknen.
	hiefeln:	z.B. Flachs zum Trocknen auf Holzgestell in Pyramidenform hängen.
	Hoagarter:	Burschen, die zum abendlichen Beisammensein in einen nachbarlichen Hof kommen.
	Hobergoaß:	Korngeist, Bockskopf mit Hörnern, Bilmesschneider
	Höllhofa:	Hölle = Stubenteil zwischen Ofen und Wand Höllhofa: Wasserbehälter am Ofen bei der "Hölle"
	Hofa:	Hafen, Behälter
	Holzdockin:	Holzpuppe
	Howan:	Hafer
K	Kirtogschutzn:	Kirchweihschaukel
	kleschen:	schlagen
	Kletzn:	geröstete Birnen
	Klob'n:	Holzklötze
	Knofia:	Knoblauch
	Körbezäuner:	Korbflechter
	Kracherl:	Limonade
	Kruck:	Krücke zum Verteilen der Kohle
	Kumpf:	Wetzsteinbehälter aus Horn oder Holz
L	lauter:	nur
	Lemoni:	Zitrone
	Lofei:	Loferl, Wadlstrümpfe ohne Fußteil
M	Mandl:	Getreidemandl mehrere Getreidegarben (7-9) werden zum Trocknen zusammengestellt und zusammengebunden.
	Milebitschn:	Milchkanne

N	Nagelschmied:	der Nagelschmied fertigte die Nägel für den Hausbau, die Scharnägel zur Befestigung der Schindeln an den Scharmauern und die Stiefelnägel an. Er schlug von glühenden Eisenstäben Stücke ab und hämmerte Spitze und Kopf am Amboß zurecht.
O	oidro:	auf der Seite
	Ötzn:	eingezäunte Viehweide
	owa:	herunter
P	Plenkel:	Dreschflegel, Teil der Drischel
	Pomeranzen:	Orangen
R	Ranner:	rote Rüben
	Reib'n:	um d'Reib'n = um die Ecke
	Remise:	Wagenschuppen
	rern:	weinen
	resch:	ganz trocken
	Riffel:	Eisen- oder Holzkamm zum Abstreifen der Leinkapseln von den Flachsstengeln
	riffeln:	Verbum von Riffel
	Rockaroas:	Reise mit dem Spinnrocken = geselliges nachbarliches Treffen der Mädchen zum gemeinsamen Spinnen.
	rötzen:	welken, faulen
	Ruam:	Rüben
	Rupf'n:	aus Werg, dem 2. Abfallprodukt des Flachses
S	Saas'n:	Sense
	Saas'ndengln:	Sense schärfen durch Klopfen mit Hammer auf dem Dengelstein.
	Saubloder:	Schweineblase, getrocknet als Tabakbeutel verwendet.
	Sechter:	Gefäß zum Melken mit einem Griff.
	Sommermirl:	Sommersprossen
	Spaa:	Späne
Sch	Schaab:	Getreidebündel
	Schandi:	Gendarm
	schern:	sich kümmern
	schlenkeln:	Arbeitsplatz wechseln; nur auf Lichtmeß; 2. Februar üblich
	Schlankl:	Schlingel
	schmecken:	riechen
	Schmeizler:	Schnupftabak
	schnoiz'n:	schnalzen
	schutzn:	schaukeln
	Schutz:	Kirchweihschutz = große Schaukel für mehrere, an Ketten mit Brett und Leiter

St	Staffa:	Staufen = Berg bei Reichenhall
	Stör:	Handwerkerarbeit im Hause des Kunden z.B. Schneider und Schuster kamen auf die Stör.
	Stotzn:	große, flache Holzgefäße für Milch
	Stoderer:	Stadtbewohner
	Stramin:	Stoffart zum Sticken
	Stranitzn:	Tüte
T	tattern:	zittern
U	Ur:	Hefe
V	Viuda:	Schürze; auch Fiuda
W	wax:	rauh
	Weitling:	irdener Topf
	Wiederkehr:	Wiederkehrung, Gebäudeteil des Hofes. Die im Vierkant errichteten Höfe sind "in der Wiederkehr" gebaut; Hofeinfahrt -Wohnhaus-Stallgebäude-Scheune; Hofeinfahrt kehrt wieder; im Rupertigau ist die "Wiederkehr" das ganze Stall- und Scheunengebäude.
	Wistbaam:	Wiesbaam; dicker, geschälter Baumstamm, den man beim Heu- und Getreideernten zur Befestigung der Ladung oben hinauflegt und vorn und hinten mit dicken Seilen am Wagen anbindet.
	Woak:	Tunke, Soße; besonders für die so beliebten Dampfnudeln
Z	Zeckerl:	Zöggerl, Zöcker, Armkorb im Gerüst geflochten, meist mit Deckel, außen mit Leder dekoriert.
	Zistl:	aus Spänen geflochtene flache Körbe, länglich und rund
	Zistlleut:	Korbflechter für Spankörbe, die auf die Höfe kamen und dort die benötigten Zisteln flochten.
	z'lexn:	undicht Die Dauben der Zuber, Schafferl, Stotzen und Fässer schwanden in der Wärme und wurden undicht.
	Zoa:	Zeile, Reihe

Des
Boarische Gebetbüachl
zum
Betn und Schmunzln

von

Hanna Walther

Dieses Buch ist ebenfalls
im RUPERTI-Verlag erschienen
ISBN 3-923333-00-5